MAURICE BOUCHOR

LES
CHANSONS JOYEUSES
POÉSIES

DANS LA FORÊT
VARIATIONS SUR QUELQUES AIRS DE SHAKSPEARE
CHANSONS JOYEUSES

PARIS
CHARPENTIER ET Cⁱᵉ, LIBRAIRES-ÉDITEURS
28, QUAI DU LOUVRE, 28

1874

Tous droits réservés.

LES

CHANSONS JOYEUSES

Il a été tiré vingt-cinq exemplaires numérotés sur papier de Hollande
Prix : 7 francs.

LES
CHANSONS JOYEUSES

I

Le monde antique avait formé des dieux
A son image, éclatants et terribles ;
Mais l'on sentait que ces grands invisibles
Sur leur Olympe étaient beaux et joyeux.

Pour saluer ses immortels, la Grèce,
Portant la coupe à ses lèvres de miel,
D'une voix forte a chanté vers le ciel
Un long cantique éperdu d'allégresse.

Que le passé dorme son lourd sommeil!
Prenons la vie en ses métamorphoses :
Mais je regrette et les vers et les roses
Que ce temps-là vit naître au grand soleil.

II

Or un vent noir, qui souffla de Judée,
Voila de deuil le souriant ciel bleu ;
L'humanité, soupirant vers son Dieu,
De pleurs de sang eut la face inondée.

Elle perdit le rire éblouissant
Qu'elle avait eu dans ses beaux jours de fête,
Et tu la vis, toi, son dernier Prophète,
Tendre son cœur pour recueillir ton sang.

Voilà longtemps que ce sang, goutte à goutte,
S'infiltre en nous et fait blêmir nos chairs ;
Mais aujourd'hui notre vieil univers
A faire un dieu sait bien ce qu'il en coûte.

III

Moines tondus aux yeux hagards et creux,
Fouaillez-vous donc au fond des cloîtres mornes ;
Le ciel est libre, éclatant et sans bornes,
Et nous avons des ailes d'amoureux.

Éperdument, comme des hirondelles,
La joie au cœur, et l'œil baigné d'azur,
Nous volerons à travers l'éther pur,
Dans le soleil, avec de grands bruits d'ailes.

Et nous irons vers les horizons d'or,
Le front perdu dans la lumière blonde,
Pour nous remplir des ivresses du monde.
Tant que pourra nous porter notre essor.

PREMIÈRE PARTIE

—

DANS LA FORÊT

To " the fair, chaste, and unexpressive she."
(As you like it.)

I

Voici le mois de Mai rayonnant et joyeux ;
Le mort se sent béni dans son étroite bière ;
En larmes de cristal glisse à travers la pierre
La rosée éclatante et fraîche des grands cieux.

Les rêves que mon cœur enterra soucieux,
En ce beau mois, auront enfin de la lumière ;
Et, d'une aile puissante, en leur fraîcheur première,
Ils vont redéployer leur essor glorieux.

Et voici la chanson d'éveil, gaîment rimée :
Salut, mon cœur, — salut, ma blanche bien-aimée,
Et salut, ô printemps ! c'est la chanson d'éveil.

Les portes de l'exil enfin se sont ouvertes,
Et j'ai tout laissé là, moi, l'ami du soleil,
Pour me sauver marron, loin, dans les forêts vertes.

II

I

Librement mon cœur se dilate
Et s'épanouit au soleil :
La douceur du matin vermeil,
La splendeur du soir écarlate,

La tranquillité des midis,
Là-bas, dans les forêts prochaines,
Et le sommeil au pied des chênes,
Sur des lits de mousse attiédis ;

Enfin, la vie heureuse et douce
Va me bercer entre ses bras,
Tandis que moi, franc d'embarras,
J'écouterai l'herbe qui pousse.

Je pourrai donc, libre et rêvant,
Être joyeusement poëte !
Avec le cri de l'alouette
Tous mes vers s'en iront au vent,

Au vent frais qui, sous les ramures,
S'en va mêlant, parmi les fleurs,
La chanson des oiseaux siffleurs
Et le parfum des fraises mûres.

II

Un coin de paysage exquis : d'étroits sentiers
Serpentant par les blés tout verts que le vent ploie,
Puis se perdant parmi les buissons d'églantiers,
Jusqu'au bois chevelu qui lentement ondoie.

Après avoir marché sous le grand soleil d'or,
Dans la plaine sans ombre où l'on baisse la tête,
On arrive aux forêts dont le murmure endort,
Et, le front en sueur, quelque temps l'on s'arrête.

La tête renversée, et les bras sous le cou,
Couché dans le gazon, si quelquefois on lève
Les yeux pour regarder au loin, je ne sais où,
A l'horizon qui prend l'aspect vague d'un rêve,

Lentement, lentement, jusqu'aux bords du ciel bleu,
Le champ de blé comme un océan se déroule,
Et les coquelicots ardents, couleur de feu,
Font une rouge écume à cette verte houle.

D'autres fois, le regard entrevoit le soleil
A travers un tissu de lumineux feuillages,
Et, vacillant dans les ivresses du sommeil,
Notre âme par l'azur fait d'étranges voyages.

III.

Mais ma bien-aimée est la fleur des fleurs,
L'oiseau des oiseaux, le rêve des rêves,
Qui fait, dans le bois, palpiter les séves,
Et fondre d'amour la rosée en pleurs.

Et ma bien-aimée embellit les choses ;
Sa voix fait plus doux les rossignolets,
Et ses grands cheveux, légers et follets,
Ravivent encor le parfum des roses.

Et quand, à travers les feuilles, je vois
La blonde aux yeux bleus, en claire toilette,
Simple et douce, ainsi qu'une violette,
Je crois voir passer l'âme des grands bois.

III

Au petit sentier passa ma mignonne,
Et le doux sentier se mit à fleurir.
Le soleil de mai sur les prés rayonne,
Et mon cœur ému tremble, et va s'ouvrir.

J'ai versé mon sang, tout mon sang pour Elle,
J'ai jeté mon cœur de par les chemins,
Pour faire un marcher plus doux à ma belle,
Pour ne point heurter ses beaux pieds divins.

Je n'ai jamais su donner une fête,
Je ne puis aimer comme un damoiseau ;
Mais je me suis fait chanteur et poëte
Pour avoir une aile, et pour être oiseau.

Et, sous les grands bois, rossignol mystique,
Afin de la voir je me tapirai,
Et je chanterai, pour seule musique,
Son tout petit nom, trois fois adoré.

IV

Mes sérénades, dans la nuit,
Montent vers toi, ma bien-aimée ;
Cependant la jeunesse fuit,
Et ton âme reste fermée.

Il faut avoir au moins fleuri
Un printemps, dans ce pauvre monde ; —
A peine si tu m'as souri
A travers ta lumière blonde.

Oh ! viens, mets ta main dans ma main,
L'amour, c'est la Vie et la Voie ;
Nous suivrons un même chemin
Vers le paradis de la joie.

V

L'amour, lointain et tout proche à la fois,
Va nous mener à lui parmi les roses,
Dans un charmant et mystérieux bois
Où les chansons vont se mêlant aux proses.

Le rossignol nocturne et langoureux
Y chante bien des roulades qu'il perle ;
Mais pour narguer les pauvres amoureux,
Au lendemain siffle le joyeux merle.

Vous pourrez voir, chère, mes billets doux
Aux verts buissons se suspendre sans cesse,
Avec du sang de mon cœur, qui pour vous
Laisse couler à grands flots sa jeunesse.

Et quand la brise, un beau jour, dans mes bras
Vous poussera, rougissante et charmée,
Des vieux serments laissant là le fatras,
Je vous dirai, tout pâle : « O bien-aimée ! »

VI

Le ciel avait perdu sa gloire,
Mais mon cœur était plein de jour,
Et pouvait, de rayons d'amour,
Éclairer l'immensité noire.

Elle allait devant moi, rêvant;
Quand la nuit se faisait moins sombre,
Je mêlais mon ombre à son ombre,
Et ses cheveux flottaient au vent.

Elle marchait, la bien-aimée ;
J'aurais voulu que le sentier
Traversât tout le monde entier
Sans trouver de grille fermée ;

Et tous deux, ne nous parlant pas,
Pour une éternité de joie,
Nous aurions fait sur cette voie
Sonner joyeusement nos pas.

Je chancelais, comme ivre d'elle,
Et je n'osais pas lui parler ;
Mon rêve prêt à s'envoler
Éperdument battait de l'aile.

Nous étions deux beaux amoureux
Marchant par une nuit exquise,
Sans souci de la folle brise
Qui chantait sur nos fronts heureux.

VII

Or je contemplais sa fenêtre:
Pourquoi? je ne le sais pas bien.
  Peut-être
Me direz-vous que c'est pour rien.

Quoi qu'il en soit, je vis ses ailes.
Si vous n'en croyez pas un mot,
  Les belles
Vous le feront croire bientôt.

Cette fenêtre était très-haute.
Ce n'est pas, bien que je sois fou,
> Ma faute,
Si je m'y suis rompu le cou.

Mais tout est possible en ce monde,
Depuis que j'ai vu de mes yeux
> La blonde
Se pencher pour m'écouter mieux.

Pourquoi donc alors lui parlai-je
De fleurs qui poussent n'importe où ?
> La neige
Des beaux lis fleurit sur son cou.

Pourquoi donc lui conter les choses
D'avril errant par les chemins ?
> O roses
De sa jeunesse, œillets, jasmins !

Pourquoi tout penser et tout dire ?
Quand j'aurais dû la regarder
> Sourire,
A quoi bon tant lui demander ?

DANS LA FORÊT.

Lorsque j'étais sous la fenêtre,
Pourquoi parler, ivre et joyeux?
      Peut-être
Un baiser de loin valait mieux.

Mais la nuit fut belle, et qu'importe,
O mon cœur, puisque j'ai poussé
      La porte
Par où l'on sort du noir passé?

Et que mon âme va, sans prendre
Aucun souci de ses douleurs,
      S'épandre
A travers les sentiers en fleurs?

VIII

Je l'ai vue, et la belle a souri. Tout est dit.
Et je chante, et je suis heureux comme un bandit !
Je regarde, avec l'air le plus vainqueur du monde,
Un doux chiffon d'azur que m'a donné la blonde,
Ayant épinglé, comme un joyeux memento,
Sa première faveur au col de mon manteau.

IX

C'était un matin de ce mois de mai,
Et par les chemins je t'avais suivie.
Le printemps était vert et parfumé,
Et je saluais la terre et la vie.

C'était un matin de ce mois de mai,
Et dans l'air filait la bleue hirondelle ;
Tu m'avais voulu nommer ton aimé,
Et je te suivais comme un chien fidèle.

Or ton pied laissait un sillon de feu,
Et par les chemins je t'avais suivie.
Le jour clair montait au pâle ciel bleu
Qui joyeusement d'aimer nous convie.

Le rose orient s'était enflammé,
La forêt chantait comme une berceuse,
Le printemps était vert et parfumé !
Lente tu marchais, ô ma paresseuse...

Aube de bonheur, dans mon jeune cœur
Se levait l'amour nouvelle et ravie ;
Ton sourire doux n'était point moqueur,
Et je saluais la terre et la vie.

X

Toute la nature en fête pour nous
Nous sourit ainsi qu'une bonne mère,
Et cette éternelle a des yeux bien doux
Pour nos pauvres fleurs d'amour éphémère.

O verdissement des sentiers connus,
Roses diaprant la terre embaumée,
Eau tranquille et claire, où la bien-aimée
Ira rafraîchir ses petits pieds nus !

O virginité, verdeur printanière,
Léger tissu bleu de l'air doux encor,
Réveil, inondant le ciel de lumière,
Tu chantes en nous comme un oiseau d'or !

Sois la bienvenue, aube lumineuse,
Signe rayonnant d'éternelle foi,
Qui vins éveiller cette matineuse
Et lui dis : « Voici l'amour, lève-toi ! »

XI

Par les prés, par les bois, pleins d'odeurs bien douces,
    L'herbe fume au soleil de mai ;
Le vent frais va rasant le velours des mousses,
    Mon cœur dort, se sentant aimé.

Le sommeil lentement vient d'ouvrir son aile
    Sur le nid où l'oiseau se tait ;
Mais dans l'air une voix sonne, gaie et frêle,
    Comme si tout mon cœur chantait.

Le bruit sourd des mouvants peupliers me berce,
    Je vais clore, en rêvant, les yeux,
Calme, et sous le feuillage un rayon qui perce
    Remplira mon vieux cœur joyeux.

L'essaim fou des muets, des féeriques rêves
    Va danser dans l'éther calmé ;
Voilez-nous, blondes nuits, nuits d'amour si brèves,
    Mon cœur dort, se sentant aimé.

XII

Je me parfumerai d'aloès et de myrrhe,
Et des senteurs les plus fraîches de l'Orient,
Où les encens iront aux fleurs se mariant
Pour que mon front soit doux et pur, sous ton sourire.

En mon cœur chantera l'inexprimable lyre
De l'amour vierge encore, et vers le ciel riant,
Des longs regards d'extase aux baisers variant
Le thème de musique impossible à redire.

Que tu me seras bonne en ces profondes nuits
Où, laissant sommeiller les êtres lourds d'ennuis,
L'âme en fleur, nous serons comme deux roses blanches !

Tes cheveux brilleront d'un éclat matinal ;
Et moi, quand dans l'air pur se déploîront tes manches,
Je verrai s'entr'ouvrir un essor virginal.

XIII

ASPÉRULA

Elle cueillit la fleur qu'on nomme aspérula :
Cette petite fleur, cette fleur étoilée,
Par je ne sais quels doigts divins fut ciselée.
Elle dit : « Oh ! la fleur charmante que voilà ! »

Elle cueillit la fleur aux teintes purpurines,
La regardant avec des yeux de grande sœur ;
Et c'étaient deux parfums d'une égale douceur,
Deux souffles, deux rayons, deux aubes enfantines!

Elle cueillit la fleur. Le soir silencieux
Tombait, et c'était l'heure où Vénus étincelle ;
Et je lui disais : « Dis, laquelle est la plus belle,
« L'étoile de la terre, ou l'étoile des cieux ? »

Elle cueillit la fleur et sourit sans rien dire,
Et je compris le nom de la petite fleur.
Si bien que je crus voir, — tu le sais, ô mon cœur ! —
Briller un peu d'espoir à travers son sourire.

XIV

Un peu d'espoir ! et l'on sait bien
Les sous-entendus d'un sourire ;
Il en dit plus qu'il n'en veut dire,
Et tout naîtra de presque rien.

Des baisers sont, ainsi qu'en rêve,
Après d'autres baisers posés ;
Et des baisers et des baisers
Font des baisers sans fin ni trêve.

Mon amour s'est enfin rendu ;
Il a, sans plus faire de moue,
Tendu sa délicate joue
A tout mon désir éperdu.

Il m'a donné des baisers même,
Sans reprocher et sans compter ;
Et m'a laissé tout bas chanter
La vieille chanson des : Je t'aime.

Je me suis mis à deux genoux :
Un ruisseau sanglotait dans l'ombre,
Et les étoiles d'or sans nombre
Nous regardaient d'un air très-doux.

XV

Nous avons encor deux ou trois secondes ;
La lune, là-bas, vient de se lever :
Causons. L'air est doux, vos tresses sont blondes,
Et votre regard, chère, fait rêver.

C'est contagieux, venant des étoiles.
Ces belles, là-haut, se font les yeux doux ;
La nuit couvre tout de ses chastes voiles ;
On peut s'adorer comme de vrais fous.

A peine le vent, triste et doux poëte,
Fait vagir encor les bois apaisés;
Et moi, cependant, sur ta blonde tête
Je mets la chanson de mes longs baisers.

XVI

La lune montait derrière les murs
Pour nous regarder à travers la brume ;
Nos lèvres étaient comme deux fruits mûrs
Que le vent des plus frais baisers parfume.

L'amour nous enivre ainsi qu'un vieux vin ;
Nos cœurs sont tout pleins d'immortels délires,
Pour avoir cueilli ce printemps divin
Où s'épanouit la fleur des sourires !

XVII

Tu sais comme, l'autre soir,
Le petit sentier que j'aime
Te fit peur, étant tout noir,
Et te fit rire quand même.

Tu t'appuyais à mon bras ;
Tu sais, — nous nous regardâmes,
Et les « Ne m'oubliez pas »
Avaient ce soir-là des âmes.

Des âmes, non des couleurs,
Des sourires, non des feuilles ;
C'est comme cela, les fleurs,
Toutes les fleurs que tu cueilles.

Et comme tu te taisais,
Effeuillant des marguerites,
Moi, dans l'ombre, je baisais
Tes mains blanches et petites.

XVIII

J'aime les verts sentiers qui s'effacent là-bas
Au brumeux horizon de la plaine muette.
J'ai laissé bien souvent se perdre là mes pas,
Chaque jour dans mon cœur étant un jour de fête.

Mais surtout lorsqu'un soir de juin, tiède et joyeux,
Apaisant par degrés tous les bruits de la plaine,
On n'entend plus au loin que le vent des hauts lieux,
Et des oiseaux de nuit la musique lointaine...

Moi, je suis le chemin que bordent les grands blés
Doucement agités au vent frais des soirées ;
Et, quand monte la lune aux cieux immaculés,
Je rêve de son front aux pâleurs adorées.

Je rêve de ses yeux fatigués et si doux,
Du plaisir infini des longues causeries,
De la naïveté des premiers rendez-vous,
De ses bras amoureux aux étreintes chéries.

Car j'ai, par elle, appris à tout aimer, les bois
Et le marcher si doux sur les feuilles fanées,
Les vents et les flots bleus aux musicales voix,
Et la nature, jeune en dépit des années.

Aussi, dans le silence, aux choses de la nuit
Je livre le secret de mon âme trop pleine,
Et l'ineffable nom de mon amour, sans bruit,
Parcourt comme un frisson les grands blés de la plaine.

XIX

Votre Altesse blonde s'honore
Très-peu de mon amour, qui sait ?
Car mon nom, certe, est plus sonore
Que les louis de mon gousset.

Mes rimes sont millionnaires
Et mes souliers très-peu cirés ;
Mais les arbres sont débonnaires
Aux poëtes enamourés.

Les blés ont laissé leur poussière
Aux rebords de mon grand chapeau,
Et les baisers de la lumière
M'auront bientôt tanné la peau.

Avec un arbuste pour canne,
Je m'en irai par les chemins,
Dans la liberté paysanne
Qui permet de montrer ses mains.

Mais qu'importe? mon front ne ploie
Sous la charge d'aucun souci,
Je vis, je t'aime, et j'ai la joie
D'être tout seul au monde, ici !

XX

Je vais, philosophe et bohème,
Glanant des strophes et du pain,
Faisant éclore mon poëme
Dans la poussière du chemin.

Lorsque la route est bonne; j'aime,
Avec un bâton dans la main,
Vagabonder, rêvant quand même
Aux splendeurs de l'azur sans fin.

Toujours ivre, étant de la secte
De ceux qui couchent dans les bois,
Je m'en vais ainsi, frêle insecte ;

Sachant, dans un éclat de voix,
Si de larmes mon œil s'humecte,
Rire et sangloter à la fois.

XXI

Sur mon front penché d'invisibles ailes
Pour me rafraîchir se posent parfois ;
Mes yeux alourdis n'ont plus d'étincelles,
Et je dors gaîment sous l'ombre des bois.

Ou bien, les yeux clos, mais l'esprit alerte,
J'écoute chanter le coucou lointain,
Et bruire en chœur, dans la forêt verte,
Chênes et bouleaux au vent du matin.

DANS LA FORÊT.

Je n'ai pas de vain souci dans la tête,
L'azur infini me sourit encor ;
Et mon seul ami, dans ces temps de fête,
Est un bleu Shakespeare enluminé d'or.

XXII

Un beau couchant de pourpre étale
Sa bannière au front du ciel bleu,
Et, d'une flèche horizontale,
Perce le cœur comme un adieu.

On ne sait quelle fierté triste
Tombe du riche firmament
D'or, d'escarboucle et d'améthyste
Que la brume endort mollement.

DANS LA FORÊT.

Dans l'air lourd et velouté flotte
Une poussière de soleil ;
Le ruisseau d'argent, qui sanglote
Sur la mousse, en devient vermeil.

Comme un flot tranquille, la prée,
Berçant ses brins d'herbe fluets,
Porte une écume diaprée
De boutons d'or et de bluets.

Tout est superbe et las. Il semble
Que de longs soupirs musicaux
Poussés par l'orme ou par le tremble
Gémissent les lointains échos.

Le ciel, bordé d'éclairs farouches,
Couve la terre en pâmoison ;
Et l'éternel sceau de leurs bouches
Est le baiser de l'horizon.

XXIII

I

Le bois antique et jeune encore
Dans sa beauté calme apparaît,
Empourpré de lueurs d'aurore :
Salut, chênes de la forêt !

Vous vivez entre deux abîmes,
Plongeant du pied sous le sol dur,
Et portant vos têtes sublimes
Au cœur de l'immortel azur.

Vous avez la grâce et la force,
Car les oiseaux vous font chanter,
Et sur votre rugueuse écorce
L'effort du temps vient avorter.

Aussi, malgré la bise noire,
L'hiver nu, le stérile été,
Vous portez fièrement la gloire
De votre verte éternité !

II

Mais vous, les géants vainqueurs des tempêtes,
N'avez-vous parfois envié nos sorts,
Lorsque vous voyez, inclinant vos têtes,
Mes chères amours qu'en mes bras j'endors ?

Et n'avez-vous pas désiré, grands chênes,
Votre liberté, pour marcher un jour
A travers la vie, et, rompant vos chaînes,
Vous jeter aux bras d'un vivant amour ?

Le calme éternel peut-être vous lasse ;
La séve bouillonne en vos bras nerveux ;
Et vous secouez alors dans l'espace
Frénétiquement vos sombres cheveux !

III

Et puis vous pénétrez dans la cité malsaine,
Taillés et façonnés par quelque rude main,
Vous courbez votre orgueil devant l'orgueil humain,
Et vous voilà faits lits d'un lupanar obscène.

Ou bien, noirs de charbon, vous voguez sur la Seine,
Avec les grands quais droits et nus pour seul chemin.
Hier, un vieillard vous prit pour béquilles ; demain,
Cercueils, vous jugerez notre dernière scène.

Peut-être vous prendrez notre vie en pitié ;
La douleur en remplit au moins une moitié,
Et le reste à courir au hasard se disperse.

Et vous vous souviendrez des nuits de frais sommeil,
Des feuillages profonds qu'un gai rayon d'or perce,
Et de votre existence immobile au soleil

IV

Mais malheur aux vaincus ! L'homme dit : « Peu m'importe
Je suis le roi du monde, et n'ai point de remord ;
Je ne prends pas l'avis de cette forêt morte.

Et, comme les sultans trop au-dessus du sort
Pour admettre personne à boire dans leur verre,
Je veux vivre tout seul, sans témoin, ni support.

Pas de murmure, ici ! je suis un roi sévère
Devant qui la matière est sur ses deux genoux ;
Je ne veux point qu'on m'aide, et veux qu'on me révère.

Vous, chênes, mes aînés, ne soyez point jaloux ;
Je pourrais vous tailler, vous plier, vous détruire,
Et vous faire sauter en l'air comme des clous.

Dans les ouragans noirs vous aurez beau bruire,
Lorsque j'emboucherai ma trompette ou mon cor
Tous vous tairez, sachant que ma torche va luire.

« Ah! vous fouillez le sol ! j'irai plus bas encor :
Je plongerai mon poing dans le sein de ma mère,
Et l'en sortirai plein de diamant et d'or.

« Ah ! vous percez le ciel ! Malgré la bise amère,
Et la trombe et la nuit, je l'escaladerai,
Monté sur le Réel, et non sur la Chimère !

« Tu vois bien que je suis le plus fort, bois sacré
Que ne protége plus la sombre Proserpine ;
Le Druide est lui-même à tes pieds enterré.

« Donc, à moi seul, à moi le viol et la rapine !
Qui voudra m'arrêter dans mon nouveau chemin,
Je saurai lui tresser sa couronne d'épine.

« Sur les grandes forêts posant ma large main,
Pour voguer, pour courir, j'aurai de la matière ;
Et si mon corps, ailé, peut s'envoler demain,

« Je planerai, vainqueur de la nature entière. »

XXIV

J'irai dans la plaine où le vent répète
Un chant dans les blés, les blés, les blés d'or ;
J'irai dans la plaine où tout est en fête,
Pour chômer le saint nommé Messidor.

J'irai dans la plaine avec ma mignonne
Pour cueillir des fleurs, des fleurs dans les blés ;
Car ma bien-aimée aime une couronne
Faite de bluets par moi rassemblés.

La plaine sera toute parfumée
De baisers cueillis à l'ombre des murs,
Et je chanterai pour ma bien-aimée
La chanson des blés, des blés, des blés mûrs.

XXV

I

Voici qu'un vent du Nord tout à coup s'est levé
Qui balaye le ciel et qui remplit mes voiles ;
Et c'est la nuit, — je crois avoir longtemps rêvé,
— Une à une je vois s'éteindre les étoiles.

Mes yeux étincelants vont se noyer de pleurs
Et mon hymne de joie expirer sur ma bouche ;
Et voici que le vent a remporté les fleurs
Dont, le soir nuptial, il parfuma ma couche.

Et je vais, le front bas, reprendre mon chemin,
Seul à travers la vie — un vrai désert torride —
Laissant derrière moi tout ce que j'ai d'humain,
La jeunesse et l'amour avec un front sans ride.

II

Le soleil d'été darde ses traits d'or.
Le ciel est tout triste en sa beauté fière ;
Solitairement il rêve et s'endort
    Dans une aveuglante lumière.

Nos mois de printemps sont bien loin déjà,
Et bien loin aussi dans le passé vague,
Le soir où ton cœur d'enfant échangea
    Tout son amour contre une bague.

Une bague d'or, divin talisman
Qui joint doucement mon âme à la tienne,
Et qui porte écrit le premier serment
    Pour qu'à jamais il t'en souvienne.

Le temps est bien loin où, par les chemins,
Nous nous en allions en cueillant des roses,
Où je serrais bien tes petites mains
    En te disant de douces choses.

Où je te parlais, sous les chênes verts,
De l'émotion des choses lyriques,
Où je te disais mes plus jeunes vers
    Et mes rêves les plus féeriques.

III

Or, le temps reviendra des beaux amours joyeux
Et des soupirs voilés qui montent vers les cieux.
Dénouant tes cheveux aux plus fraîches haleines
Du vent mystérieux qui passe sur les plaines,
Nous reprendrons, dans un sonore et long baiser,
Le rêve interrompu que rien n'a pu briser.
Et tu mettras ta main dans ma main, et la fièvre
De tant de voluptés marquant toujours ta lèvre,
Nous resterons unis longtemps : et nos vingt ans,
Ivres de souvenirs, ayant soif de printemps,

Reviendront voir les bois et piétiner les mousses
Qui nous offraient un lit aux nuits calmes et douces,
Pour ouïr la chanson qui tremble dans les nids
Et qui fait palpiter les arbres rajeunis.

Or, avant ce jour-là, couché dans l'herbe épaisse,
Je veux fermer les yeux, oubliant la tristesse
Du si mélancolique adieu, pour ne plus voir
Que mes rêves ouvrant leurs ailes dans le soir,
Et vivants devant moi, tout souriants et roses,
Comme ils prendront un jour place parmi les choses.

XXVI

I

Nous mettrons donc sur le contrat :
« Deux fois vingt, cela fait quarante. »
Si la chose est extravagante
Chacun au diable s'en ira.

C'est une habileté profonde :
Deux fois vingt ! — nous serons très-vieux.
Les gens riront à qui mieux mieux,
Mais nous nous moquerons du monde.

Pourvu qu'on puisse s'adorer,
Nous ne trouverons rien à dire ;
Et puis, nous aimerons à rire,
Il est toujours temps de pleurer !

Je ne te dirai plus : « Mon âme, »
Cela sent trop son amoureux.
Il est gai d'être sérieux,
Et je t'appellerai : « Madame. »

Nous aurons, comme les oiseaux,
Un nid — nouveau chaque semaine ;
Une petite maison pleine
De baisers et de madrigaux.

Où nous nous en irons, mignonne,
Faire la chasse aux papillons,
Et tresser dans tes cheveux blonds
Des lilas lilas en couronne.

II

Lilas, vos frissons sous le ciel doré
Sont contagieux et troublent les âmes ;
En avril chacun est enamouré,
Vous pour la rosée, et nous pour les femmes.

Lilas, nous aimons vos premiers parfums
Comme nous aimons un premier sourire,
Et nos cœurs, ainsi qu'aux amours défunts,
Quand vous vous fanez pleurent sans rien dire.

Quand les bruits du jour se sont apaisés,
Votre doux murmure au vent des soirées
Accompagne bien le bruit des baisers
Que nous mendions à nos adorées.

III

Ma chère, au prochain mois d'avril,
Si le hasard nous prête vie,
Nous reviendrons du long exil
Où l'hiver triste nous convie.

Hors de ces grands murs étouffants
Qui cacheraient l'azur splendide,
Nous courrons comme deux enfants,
Sans morne pensée, et sans ride.

Tes yeux éclatants reluiront
Au travers de ta chevelure,
Dont le flot baignera ton front
Qui n'a tristesse ni souillure.

Vous abriterez notre nid,
O branches vertes et flexibles,
Et nos baisers dans l'infini
S'évanouiront invisibles,

XXVII

Ainsi, nous ferons deux noces
    A la fois,
Emportés par quatre rosses
    Dans le bois.

Nous ferons cette équipée
    En gaîté,
Très en règle, avec l'épée
    Au côté.

Au gai renouveau, l'abeille
    Boit le thym,
Et nous ta liqueur vermeille,
    Chambertin !

Sans nous tromper de maîtresse.
    Nous irons,
Avec le chaud de l'ivresse
    A nos fronts.

Nous aurons nos fiancées
    A nos bras,
Et de joyeuses pensées,
    Tu verras !

Et nous ferons un beau rêve ;
    Tous en chœur
L'on commence, et l'on achève
    Cœur à cœur.

Elles marcheront, les belles,
    Par les bois ;
Ainsi que deux sœurs jumelles,
    Je les vois,

En légère robe grise,
>Et laissant
Leurs cheveux au vent de bise
>Frémissant ;

Et bien qu'elles aient des roses
>Au chapeau,
Maint papillon prend des poses
>Sur leur peau.

Donc, heureux comme deux reines
>Et deux rois,
Chantant tous quatre à voix pleines,
>Ou sans voix,

Nous terminerons la noce
>Des amours
Dans un immense carrosse
>De velours !

XXVIII

Le notaire sera noir,
Ces gens-là, c'est si morose !
Toi, tu seras blanche et rose,
Ayant, pour si grave chose,
Pris conseil de ton miroir.

Et puis, le sourire aux lèvres,
Pieds légers, et cœurs ouverts
Au soleil, par les prés verts,
Nous nous en irons devers
Les riants coteaux de Sèvres.

Tout seuls, chantant et bénis !
A nos pieds, les fraises mûres,
Sur nos fronts les longs murmures
Fourmillant dans les ramures
Où s'enchevêtrent les nids.

Et les morts, dans l'herbe épaisse,
Si par hasard nous passons
Près d'un cimetière, aux sons
De nos joyeuses chansons,
Rêveront de leur jeunesse.

Bleus, les cieux seront posés
Sur ta tête et sur la mienne ;
Et tout là-bas, par la plaine,
O mignonne, je t'emmène
Faire la chasse aux baisers !

XXIX

Le charme est rompu ! Mon beau rêve
Par l'azur vient de s'en aller ;
Du côté que le jour se lève
    Je l'ai vu voler.

Moi, je regarde, l'œil atone,
L'occident superbe et fiévreux ;
Les tristesses du tiède automne
    Emplissent les cieux.

Le haut blé jaune au vent frissonne,
En tumulte, comme une mer ;
Le grillon invisible sonne
    Un chant grêle et clair.

Quand le grand soleil qui se couche
Ne sera plus que pourpre et qu'or,
Tu viendras, le doigt sur la bouche,
    Une fois encor,

Suivre les baisers à la piste,
Au travers de nos lents aveux,
Et dérouler sur mon front triste
    Un flot de cheveux.

Tu me souriras, pâle et douce,
Quand la lune se lèvera ;
Sous nos pieds un tapis de mousse
    Se déroulera.

Tu te rappelleras la foule
De nos soirs d'amour, abîmés
Dans la mer sans reflux qui roule
    Tous nos jours aimés ;

Et nos deux âmes confondues
Chanteront dans le soir dormant
L'histoire des gaîtés perdues,
 Douloureusement !

XXX

Ne pleurons pas en nous quittant,
L'avenir nous rira sans doute ;
On nous verra, le cœur chantant,
Reprendre ensemble notre route.

Il nous faut rêver jusque-là
Des belles heures écoulées,
Et du bonheur qui s'envola
A travers les jeunes feuillées.

Sans plus courir par les sentiers
Comme au temps des voluptés brèves,
De beaux rosiers et d'églantiers
Nous saurons parfumer nos rêves.

Sans nous assoupir dans les bois,
Nos pauvres âmes exilées
Verront passer comme autrefois
De gais oiseaux, plein les allées.

Comme au temps passé, les forêts
Se rempliront de frissons d'ailes,
Et nous serons portés tout près
Par nos bons souvenirs fidèles.

Donc, puisque rien n'a pu briser
Le charme qui nous environne,
Au nom de ce dernier baiser,
Au revoir, pas adieu, mignonne !

ÉPILOGUE

Oiseaux, lorsqu'un jour nous vous reviendrons,
Elle et moi, tous deux, faire quelque rêve,
Seuls au fond du bois plein de liserons
Où votre chanson jamais ne s'achève ;

Lorsque nous irons, la main dans la main,
Toujours égarés et toujours tranquilles,
Parce que l'Amour est le vrai chemin,
Fuyant loin du bruit incessant des villes ;

Lorsque nous irons, de tous oubliés,
Errer longuement au fond des allées,
L'ombre épaisse au front, la rosée aux pieds,
Heureux, le cœur plein de chansons ailées ;

Oiseaux, gais enfants de la liberté,
Vous vous souviendrez de l'obscur poëte ;
Vous méditerez en ce jour d'été
Pour elle et pour moi quelque douce fête.

Vous cadencerez nos rêves aimés ;
Et, comme vos chants vont de l'âme à l'âme,
Du fond des taillis verts et parfumés
Vous nous chanterez notre épithalame !

DEUXIÈME PARTIE

—

VARIATIONS

SUR QUELQUES AIRS DE SHAKESPEARE

TO OUR EVER LIVING POET

WILLIAM SHAKESPEARE

Shakespeare, emporte-moi sur l'aile de tes vers ;
Car je veux saluer le soleil d'Italie.
Dans ton verre vidé je veux boire ta lie ;
Je veux me parfumer de tes citronniers verts.

Par quelque chaude nuit, la cervelle à l'envers,
Au son des tambourins lointains, l'âme remplie
De lumière et de bruit, je veux voir la folie
Monter comme un ardent soupir aux cieux ouverts.

Et puis, remporte-moi sur tes puissantes ailes
Vers le Nord, où l'on voit, par les nuits solennelles,
Chaque rêve muet fleurir en astre d'or.

Noble mélancolie ! oh ! mon âme affolée
Reprendra par les monts connus son libre essor,
Au milieu de la grande neige immaculée.

L'AME D'ARIEL

> My delicate Ariel.
> (*Tempest.*)

I

Ariel que, de ma fenêtre,
J'ai vu voltiger tout là-bas,
A des peines d'amour, peut-être,
Des peines qu'il ne dira pas.

Et peut-être bien qu'il regrette,
Depuis le jour qu'il posséda
Sa liberté, l'humble retraite
Où fleurissait la Miranda.

Dans l'air sans bornes, dans l'air libre,
Dans les sereins et larges cieux
Où sa chanson joyeuse vibre,
Peut-être est-il bien soucieux?

Soucieux, si quelque servage
Invisible lui tient le cœur,
Et si sa fière humeur sauvage
Reconnaît un gentil vainqueur.

II

Gai lutin du féerique espace,
Le poëte est comme Ariel ;
C'est en vain qu'il passe et repasse
Et qu'il jouit de tout le ciel.

Les jours passés sont pleins de choses
Que n'emportera point l'oubli ;
Et, dormant sur le cœur des roses,
Ariel rêve un autre lit.

Sa bonne chanson qui pénètre
Éveille l'air tiède et dormant;
Mais il lui plairait mieux, peut-être,
Aimer silencieusement.

Alors, il donnerait ses ailes;
Ses métamorphoses du jour,
Toutes ses formes les plus belles,
Pour un fin sourire d'amour.

III

Va toujours en ta fantaisie,
Chante encore, ô mon Ariel !
Et va glaner la poésie
Parmi les fleurs, comme du miel !

Mais ne retourne pas vers l'île
Où ton premier rêve a passé;
Prospéro, le vieux duc habile,
Soudainement s'est éclipsé.

Si tu t'en vas dans sa demeure
Contre une porte te tapir,
Tu n'entendras rien, que je meure !
Sinon quelque étouffé soupir.

Et si, pour voir, tu te déguises
En flambeau, tu rayonneras
Sur les corps aux blancheurs exquises
Tombant, pâmés, entre les bras.

IV

Tu vois que tu n'as rien à faire
Dans le beau palais de Milan ;
Va, voltige de sphère en sphère,
Pour rafraîchir ton cœur brûlant.

À toi l'immensité du monde !
Sur les brises flotte en chantant ;
Livre ta chevelure blonde
Aux baisers du ciel éclatant.

Sois, dans l'infini de tes rêves,
Poëte Ariel, tour à tour,
La blanchâtre écume des grèves,
L'oiseau qui chante sur la tour !

Les mille formes du génie
Bientôt te transfigureront ;
Sois lumière, sois harmonie,
Aile légère et puissant front !

FANTAISIE

SUR LE SONGE D'UNE NUIT D'ÉTÉ

I

O Shakespeare, ô magicien,
Peintre éblouissant de la vie,
Délicieux musicien,
Par qui toute l'âme est ravie !

Je t'ai cru, merveilleux hâbleur,
Et j'ai dit : « Il faut que je coure
Et que je trouve cette fleur
Charmante qui nous enamoure. »

Hélas ! j'aurai bientôt passé
Le mois de mai des divins rêves ;
Pour rafraîchir mon cœur lassé,
Vous ne suffiriez pas, ô grèves !

Quand même toute l'eau des mers
Viendrait baigner mon front qui souffre,
Toujours des souvenirs amers
Me brûleraient comme du soufre !

ii

Mais quelque chose a palpité
Près de mon cœur, dans mes entrailles ;
Le songe d'une nuit d'été
Pour moi décroise ses broussailles,

Et me voici dans la forêt !...
Puck me tiraille par la manche ;
Titania, douce, apparaît,
Et me tend sa belle main blanche.

Lune, fais-nous un peu de jour !
Ne cachez point la fleur, ô pierres !
Qui fait venir au cœur l'amour
Quand on en frotte les paupières.

Cherchons vite, par les buissons,
Nous n'avons qu'une nuit de joie !
Bientôt s'emplira de chansons
Le haut des arbres qui rougeoie.

III

Ce qui me restait de meilleur,
Dans le bois j'en ai fait largesse ;
J'ai perdu ma jeunesse en fleur
A chercher la fleur de jeunesse.

Le soir, je me suis endormi,
Plein de fatigue, au pied d'un hêtre ;
O Puck, mon fantastique ami,
En songe tu viendras peut-être

Sur mes yeux tout brûlés de pleurs
Exprimer le suc salutaire
Et la vertu des douces fleurs
De cette forêt du mystère.

Fassent les dieux qu'à mon réveil,
Près de moi, dans les hautes herbes,
Une Athénienne, au soleil,
Entr'ouvre ses yeux bleus superbes.

IV

Je me suis réveillé, mais pas
Dans la verte forêt des fées
Qui, sans laisser trace de pas,
S'en allaient toutes décoiffées ;

Je me suis réveillé, mais pas
Dans la forêt du vieux Shakespeare ;
Car la fantaisie, ici-bas,
A peine un jour nous veut sourire.

Réchauffés de quelques rayons,
Nous buvons aux claires fontaines,
Et pour jamais nous nous croyons
A l'ombre des grands bois d'Athènes.

Puis, nous nous réveillons : le thé
S'est refroidi dans la bouilloire,
Le songe d'une nuit d'été
S'est envolé dans la nuit noire.

AUTRE FANTAISIE

I

« Titania, petite fée
Si délicate aux doigts fluets,
Pourquoi, la robe dégrafée,
Vous coucher parmi les bluets?

« Voyez, le vent du soir agite
Les blés ondoyants et penchés ;
Toute bête gagne son gite,
Les petits oiseaux sont couchés.

« Peut-être en la forêt prochaine
Dormiriez-vous tranquillement,
Ayant pour dais un large chêne
Qui plonge au cœur du firmament. »

II

« Sur cette terre maternelle
Je me suis couchée en chemin,
Car je reviens à tire d'aile
De visiter le peuple humain.

« J'ai couru longtemps par la ville,
Pour y chercher des amoureux ;
Je sais que leur engeance est vile,
Mais j'en règnerai mieux sur eux.

« Pourtant, je suis lasse et défaite ;
Pour y dormir, pour y rêver,
J'ai cherché le cœur d'un poëte,
Et je n'ai pas pu le trouver. »

III

« Ce poëte, c'est moi, sans doute ?
Viens avec moi, reine, et souris ;
La poussière de cette route
Pourrait rougir tes yeux chéris.

« Viens avec moi ; la poésie
A quitté le monde moqueur ;
Mais, en leur libre fantaisie,
Tes doigts feront vibrer mon cœur.

« Mène-moi vers ton beau royaume,
Dans l'épaisseur des bois ombreux
Et pleins de mystère, qu'embaume
La fleur des rêves amoureux. »

IV

Alors, Titania se lève
Comme un beau soleil d'Orient,
Et je vois briller tout mon rêve
Dans son œil clair et souriant.

Nous n'échangeons point de paroles ;
Mais où nous passons, comme il sied,
Les fleurs entr'ouvrent leurs corolles
Et dansent sur leur petit pied.

Enfin le grand feuillage ondoie
Sous les caresses du vent frais ;
Nous voici ravis dans la joie
Silencieuse des forêts.

V

Ah! je vis toujours en plein songe,
Et j'ai beau me frotter les yeux :
Mon âme avec délices plonge
Dans cette mer de merveilleux.

« Pour me persuader, ma chère,
Que je suis votre amant béni,
Faites sortir, l'aile légère,
Quelque farfadet de son nid.

« Fleur de pois, faites des courbettes,
Grain de moutarde, à deux genoux !
Si vous n'êtes des sylphes bêtes,
Chantez-nous un lullaby doux. »

VI

« Fuyez avec vos pattes grêles
Jusqu'au bout du monde, faucheux.
Papillons, vertes demoiselles,
Ne sont ici que des fâcheux.

« En ce bois notre blanche reine
A ramené son bien-aimé,
Et la nuit profonde et sereine
Exhale un souffle parfumé.

« La danse tourne, et tourne encore,
Tourne au clair de lune d'argent,
Et la chanson dans l'air sonore
S'évanouit en voltigeant. »

VII

Titania m'a dit : « Sans cesse
Mon regard t'enveloppera,
Et l'impérissable jeunesse
Sur ton grand front resplendira.

« A toi la gloire, à toi la vie,
Et l'auréole d'or des dieux !
Mais viens, car la nuit nous convie
A fêter cet amour joyeux)

« Les lis ont une toile ourdie
Pour la couche de mon vainqueur ;
Oiseaux, versez la mélodie
Sur le bien-aimé de mon cœur ! »

VIII

Donc, la reine de fantaisie
M'a bercé dans ses bras tremblants ;
J'ai vu l'astre de poésie
Poindre au bout de ses deux seins blancs.

Mais sur sa prunelle, royaume
Où règne un fauve rayon d'or,
L'on a versé peut-être un baume
Qui l'enamoure d'un butor.

Et peut-être aussi, Dieu me damne !
Que Puck m'affubla d'un bonnet
Stupide et gigantesque d'âne,
Quand j'eus fait mon premier sonnet.

IX

Demain matin, loin de ma reine
Si ce cher cauchemar s'enfuit,
Oh! qu'elle aura pour moi de haine,
M'ayant adoré cette nuit!

Alors, adieu mon divin rêve,
O ma gloire immortelle, adieu,
S'il faut que Bottom-je me lève,
Las! après m'être endormi dieu!

Mais je suis heureux, fée exquise,
Puisque à tes pieds j'ai pu m'asseoir,
Et que tu m'as fait, à ta guise,
Amoureux et poëte un soir!

MONOLOGUE DE BIRON

> . . . Your task shall be,
> With the fierce endeavour of your wit,
> To enforce the pained impotent to smile
> (*Love's labours lost.*)

I

Rosaline, la chère aimée
Pour qui je me suis parjuré,
L'exquise rose parfumée
Qu'ensoleille un rayon doré,

Fait de mes prunelles fondues
Couler des pleurs à tout jamais ;
Hélas ! *peines d'amour perdues*,
Je quitte celle que j'aimais,

Pendant un an, sous la nuit brune,
En tête-à-tête avec mon cœur,
Il me faudra donc vers la lune
Soupirer toute ma langueur !

Que de sonnets mélancoliques
Battront des ailes sur mon front !
Que de rêves archangéliques
Vers mon amour s'envoleront !

Il faut, de peur que je ne pèche,
Quitter les jeux de mots pointus,
Et dans ma cervelle revêche
Sentir germer mille vertus.

II

« Si tu veux te montrer sincère
Et fidèle, m'a-t-elle dit,
Sois à l'expirante misère
Bon comme un rayon de midi.

« Va dans les hôpitaux, sans cesse,
T'asseoir au chevet des mourants ;
Car les amants d'une princesse
Doivent se montrer purs et grands.

« Va voir toutes ces têtes pâles,
Ces bras roidis et bleuissants ;
Écoute en silence les râles,
Donne à boire aux agonisants.

« Et puis, reviens : toutes ces larmes,
Mes baisers te les payeront,
Et mon amour rendra les armes
A la majesté de ton front.

Alors, rieur, tu pourras rire ;
Car nous aurons à ces douleurs,
A cette humanité martyre,
Payé notre dette de pleurs. »

III

Réfléchissez un peu, madame :
Vous voudriez, en vérité,
Faire s'envoler de mon âme
Le papillon de ma gaîté.

Il irait brûler ses deux ailes,
Délicates comme des fleurs,
Dans ces géhennes éternelles
Qu'on appelle humaines douleurs.

Moi, sur la pointe d'une aiguille,
J'ai su voltiger sans efforts ;
Voudriez-vous donc, jeune fille,
Me la faire entrer dans le corps ?

Je buvais plus d'une bouteille
Aux resplendissantes couleurs ;
En place de liqueurs vermeilles
Me faudra-t-il boire des pleurs ?

Et faut-il que ma verve folle
Laisse là, prise de remord,
Ma torrentielle parole
Pour le silence de la mort?

IV

Ma fantaisie, ô Rosaline!
Est plus près que vous ne rêvez
De ces souffrants dont la poitrine
S'emplit de râles étouffés.

Comme un fou que la lune hante,
Sur le marbre des monuments
Elle vient, légère et dansante,
Jouer avec des ossements.

En gesticulant, ma jeunesse
Veut en pleine folie errer,
Parce que la raison sans cesse
Par la manche vient la tirer.

Pour n'entendre pas la pensée
Qui lui répète : Hélas ! hélas !
Mon âme jouera l'insensée
Et rira toujours aux éclats ;

Et, par les remords poursuivie,
Comme par un tas noir d'archers,
Pour y danser toute sa vie
Escaladera les clochers.

V

Mais, parbleu ! puisque c'est ma reine,
Mon amour, qui le veut ainsi,
La tristesse à jamais me prenne
Et mon frère soit le souci !.

J'irai chez les gens en délire
Dont les yeux sont déjà tournés,
Et je saurai les faire rire
Devant le fantôme sans nez.

Par ma fantaisie éclatante
Je réveillerai le désir,
Et la poitrine haletante
Se soulèvera de plaisir.

Plaisir atroce, à l'agonie,
Contorsions d'un rire affreux,
Mêlé d'une horreur infinie
Et du regret des jours heureux.

Alors, toi, mon esprit, tu sautes,
Sautes par effroyables bonds,
Tandis que, se tordant les côtes,
Se renversent les moribonds !

ROSALINDAGE

I

J'ai fait un merveilleux voyage
A travers *Comme il vous plaira*,
Dans un fantasque paysage
Où mon cœur, comme un rêve, erra.

A la Réalité j'assène
Un formidable coup de poing :
Puis, brusque changement de scène,
Et je ne me reconnais point.

La grande forêt amoureuse
M'ouvre son cœur en soupirant,
Et ma vie à l'ombre est heureuse
A la fois riant et pleurant.

II

Souvenons-nous! La Rosalinde
M'a mis sa chaîne d'or au cou,
Et dans ma fierté je me guinde,
Malgré le prophète coucou.

Cette femme-enfant, ce sourire
En plein soleil épanoui,
Et ces grands cheveux blonds qu'admire
Ton regard encore ébloui,

Vont t'envelopper de tristesse,
D'amour, de joie et de langueur :
Cette vierge fleur de jeunesse
A pris racine dans ton cœur;

III

Orlando, les larmes sont douces ;
Tes larmes, comme un fin jet d'eau,
Feront germer parmi les mousses
Des roses d'amour, Orlando !

Bien que tu t'abîmes loin d'elle
Dans un sombre océan de maux,
L'esprit, domestique fidèle,
Te prêtera quelques bons mots.

Un buisson sera le pupitre
Où tu vas écrire tes vers,
Et tu dédieras ton épître
Aux rossignols des grands bois verts.

IV

Bonjour, beau page Ganymède !
Qui vous amène en ce hallier ?
Connaissez-vous quelque remède
Contre l'amour, beau cavalier ?

Je ferai de vous ma maîtresse ;
En vos bras je me veux pâmer ;
Je veux, pour tromper ma tendresse,
Faire semblant de vous aimer.

Adolescent au beau sourire,
O mon délicat amoureux !
On devient heureux à vous dire
A quel point on est malheureux.

V

Depuis qu'est entré ce beau page
Dans la forêt où nous rêvons,
Les oiseaux ont tû leur tapage
Dans l'ombre des taillis profonds.

Il est venu, plein de lumière ;
Il a versé, jeune échanson
Des dieux, sur la nature entière
Les ivresses de sa chanson.

Le manteau bleu de la nuit sombre
S'est fleuri d'étoiles de mai,
Et je suis amoureux de l'ombre
D'un amour que j'ai tant aimé.

VI

Ganymède m'a dit : « Jeune homme,
Vous m'appellerez votre amour ;
C'est Rosalinde qu'on me nomme,
Quand on veut me faire la cour.

« Quand je vous dirai : Je vous aime,
Vous me jurerez à genoux
Que votre maîtresse elle-même
N'a pas de sourire plus doux. »

Voilà ce que dit Ganymède,
Qui me torture de désirs
Tous impossibles, et qui m'aide
A vivre de mes souvenirs.

VII

Le vieux duc m'a dit : « L'on m'exile ?
J'ai la forêt et ses splendeurs.
La vie est un sentier facile
A qui se moque des grandeurs.

« Seulé, Rosalinde, à vrai dire,
Me manquait ; mais j'ai retrouvé
Chez Ganymède son sourire
Qu'au ciel on croit avoir rêvé.

« A nos derniers moments, peut-être,
Nos cœurs, avant d'être fermés,
Ainsi voient quelqu'un apparaître,
Qui nous parle de nos aimés. »

VIII

Puis, Pierre de Touche : « Folie
Et gaîté, ce sont mes deux plats ;
Tout reste de mélancolie
Vole avec mon rire en éclats.

« Or, l'homme est un fieffé coq d'Inde
Dont éternellement j'ai ri ;
Mais Ganymède-Rosalinde
M'a volé mon meilleur esprit.

« Et moi, le monstre, le paillasse,
Je l'aime, et je laisse, devant
Cette moqueuse et tendre face,
S'en aller deux larmes au vent. »

IX

Puis, Jacques le mélancolique
Pour me parler d'elle est venu,
Et sa voix mordante et cynique
A mis son âme sèche à nu.

« Vagisse un enfant dans son lange,
Ou gémisse un vieillard cassé,
L'homme n'est que matière et fange :
Je le sais pour avoir pensé.

« Mais j'ai, devant cette jeunesse,
Souri pour la première fois,
Et je respire avec ivresse
L'air salubre et puissant des bois. »

X

Puis, j'écoutai la plainte folle
De notre bergère Phébé :
« En mon cœur que l'amour désole
Un javelot d'or est tombé. »

Devant la statue impassible,
Pauvre fille, tu resteras
Morte dans ton rêve impossible,
Sans presser l'amour dans tes bras ;

O femme éprise d'une femme,
Pareille au poëte impuissant
Que n'éclaire pas d'une flamme
La muse qui lui prit son sang!

XI

Je les vois errer pêle-mêle,
Tirés par l'invisible aimant
De cette femme vierge et belle
Qui sourit éternellement,

Et qui, sous ses habits de page,
Allant et chantant, l'œil vainqueur,
Livre à tous les vents son visage,
Et d'esprit se grise le cœur.

Et moi, pendant une nuit brève,
Ensorcelé par ce lutin,
J'ai baisé sur la lèvre un rêve
Qui m'a bercé jusqu'au matin.

XII

Et me voici. L'âme ravie,
Mais le cœur saignant de regret,
Je rentre en pleurant dans la vie
Que n'ombrage plus la forêt.

Mais qu'importe ! Ma solitude
De souvenirs se peuplera ;
Par une ancienne habitude,
Mon cœur vieilli refleurira ;

Et je me souviendrai sans cesse
Que j'ai pu suivre au moins un jour
Dans la forêt de la Jeunesse
L'apparition de l'Amour.

LA MORT JOYEUSE

I

Falstaff est mort. Même vaincu,
Il est vainqueur dans sa défaite ;
Il est mort comme il a vécu,
Et sa vie était une fête.

Il a crié : Mon Dieu ! mon Dieu !
Puis, comme on ne répondait guère,
Pour rafraîchir sa gorge en feu
Il a demandé son grand verre.

Calme, il a bu devant la mort,
En essayant un dernier rire.
Comme visiteur, le remord
Chez lui ne s'est pas fait inscrire.

Pas de sanglots ! mais le hoquet :
Sa large faim est assouvie,
Et s'il tombe, c'est qu'au banquet
Il avait trop bu de la vie.

II

Le soir, à l'heure du repas,
Au fond ce fut épouvantable.
On fut navré de ne voir pas
Son énorme bedaine à table.

Mais l'hôtesse dit : « J'enfonçai
Ma main sous les tapis de laine,
Et je vis qu'il était glacé,
Ce qui me fit beaucoup de peine !

« Je glissai ma main dans le lit ;
Les pieds étaient déjà de glace !
On eût dit un enseveli...
Mais occupant beaucoup de place.

« Je mis ma main un peu plus haut,
Un peu plus haut... par Notre-Dame,
Tout était froid, plus qu'il ne faut
Pour faire s'envoler une âme. »

III

Alors on but à la santé
Du buveur royal et superbe,
Qui devait pour l'éternité
Cuver son vin dans la bonne herbe.

Et l'on ne fut pas attristé,
A ce que raconte Shakespeare,
Par la funèbre obscénité
De l'hôtesse, et par son gros rire.

Seulement, le nez tout en feu,
Bardolphe dit d'un air de gloire :
« Qu'il soit au diable, ou bien à Dieu,
Avec lui j'irais encor boire ! »

Mais on avala son whiskey,
Calme, et sans arrière-pensée;
On eût dit chaque nez piqué
Par une abeille courroucée.

IV

Les larmes ne sauraient venir
A ces amateurs de gingembre,
Car, ô Falstaff, ton souvenir
Emplit encor toute la chambre !

O sir John, mon meilleur ami,
Étonnant buveur de genièvre,
Qui vidais ton verre à demi,
Presque sans y tremper ta lèvre !

Poltron, ivrogne, débauché,
Être poussif, bedaine ronde,
Ferme colonne du péché,
Nez couleur d'enfer, face immonde,

Will t'a mis au nombre des dieux ;
Car ta figure qui flamboie,
Ton large rire et tes gros yeux
Portent écrit ce mot : La Joie !

LES SORCIÈRES

In thunder, lightning, or in rain.

I

Sur la bruyère, en sombres groupes
Qu'ensanglante le grand soleil,
Voici Macbeth avec ses troupes
Marcher dans le couchant vermeil.

Joyeusement le clairon sonne,
La bannière évente le ciel ;
Il n'est peut-être là personne
Qui ne se sente un immortel.

Et les trois-sœurs, aux barbes grises
Qu'échevèle un vent furieux,
Dans la bruyère sont assises,
Montrant d'un maigre doigt les cieux :

« Chef vêtu d'or et d'écarlate,
Par la mort et par son effroi,
Par notre redoutable Hécate,
Salut, salut, tu seras roi ! »

II

A la brusque lueur des glaives,
J'ai contemplé ce futur roi,
Et, comme j'étais plein de rêves,
J'ai pu croire que c'était moi.

Leurs langues demeurant muettes,
Je me suis vu, blême, anxieux,
Me pencher vers les noirs prophètes
Pour les regarder dans les yeux.

Je leur ai dit : « Spectres de femmes,
Déroulez-moi mon avenir ;
Qu'il soit fait de cendre ou de flammes,
Je le porterai sans pâlir. »

Et les infernales sorcières,
Riant affreusement de moi,
Dansaient autour de leurs chaudières
En répétant : « Tu seras roi ! »

III

Mais je n'ai pas peur : je suis homme,
Spectres de minuit ! Je connais
Les noms dont le crapaud vous nomme
Dans les ronces et les genêts.

Vous que l'implacable enfer broie,
Vos noms charmants, en paradis,
Étaient Jeunesse, Amour et Joie,
Car vous fûtes belles jadis.

Mais la fatalité, beaux anges,
Vous a précipités du ciel
Dans les ornières et les fanges
Où vous vomissez votre fiel.

De sombres lois impérieuses
Vous enchaînent toutes les trois,
Et vous, vous crachez, furieuses,
Sur votre beauté d'autrefois.

IV

Toi qui fus ma douce Jeunesse,
Toi que tous tes charmes ont fui,
Sinistre et grave prophétesse,
Ton nom est Pensée aujourd'hui.

Toi qui, dans les jours de folie,
Fus ma Joie au rire charmant,
Tu t'appelles Mélancolie,
Et tu songes amèrement.

O toi qui fus Amour, souffrance
Et volupté, tes yeux hagards
Portent le mot : Indifférence
Dans leurs prunelles sans regards.

Mais écoutez ! l'ouragan gronde ;
Venez, ô sœurs, et que le bruit
De votre épouvantable ronde
Se mêle à l'horreur de la nuit.

V

Pour composer de puissants charmes,
Dans la marmite on jettera
Tout le passé, toutes ses larmes,
Puis en chantant l'on tournera.

Toi, faisant ta grimace affreuse,
Sorcière Amour, tu jetteras
Tout le beau sang de l'amoureuse
Que je pressais entre mes bras.

Et toi, ma Joie, avec un rire
A tirer les morts du sommeil,
Tu jetteras tout le délire
Que nous dépensions au soleil.

Et toi, dans la chaudière en fonte,
Ma Jeunesse, tu jetteras
Souvenir, sang, joie, amour, honte,
Vie, et tout ce que tu voudras !

VI

O nuit funèbre, sans étoiles,
Nuit où siffle la voix des morts,
Étends sur nous tes sombres voiles,
Pour nous cacher à nos remords.

Frémis au vent, grande bruyère ;
Forêt, étire tes bras noirs,
Car nous jetons dans la chaudière
Et les vertus et les devoirs.

Pour que tous baisent ma main droite,
Pour être roi de l'univers,
Loin de prendre la voie étroite,
Je livre mon âme aux enfers :

Je posséderai la science,
Je serai terrible et vainqueur,
Et je tuerai ma conscience
A coups de poignard dans le cœur !

TROISIÈME PARTIE

LES CHANSONS JOYEUSES

A JEAN RICHEPIN

AUTEUR DE

LA MORT DES DIEUX

A JEAN RICHEPIN

> Timefactæ relligiones.
> (*Lucrèce.*)

I

La douleur m'a fait homme, et me voici marchant,
Ainsi qu'un voyageur las mais robuste encore,
Et le cœur tout gonflé d'espoir, dans le couchant
De notre vieille époque, en attendant l'aurore ;

La radieuse aurore illuminant les monts,
Couronnant de rayons tous les jeunes poëtes,
Et nous laissant humer l'air libre à pleins poumons,
Et raffermir nos pieds, et relever nos têtes.

Lorsque ce grand sourire éclairera nos fronts,
On verra s'envoler notre chanson ravie ;
Pleins de séve, de force et d'orgueil, nous aurons
Devant nous l'avenir, la liberté, la vie.

Les terreurs qui pour nous naissaient au moindre bruit
Fuiront en tournoyant dans les clartés nouvelles,
Et la religion, sinistre oiseau de nuit,
Ne viendra plus poser sur nous ses froides ailes.

Et la Foi, pâle étoile errante au fond des cieux,
Ne nous décevra plus par sa lueur tremblante :
Mais, divine Jeunesse, ô bon soleil joyeux,
Tu verseras en nous ta pourpre étincelante !

II

Mais le moment n'est pas encor venu pour moi ;
Et, dans le clair-obscur du crépuscule blême,
Voici que le Passé, plein d'amour et d'effroi,
Se drésse pour me tendre une embûche suprême.

Et je vois la maison petite où je suis né,
Et les arbres qui m'ont prêté leur ombre verte,
Quand, des premières fleurs de l'avril couronné,
Je suivais au hasard la route à peine ouverte.

Mon enfance bénie est là qui dort sans bruit.
Ah! je crois qu'à mon cœur aboutit chaque rue !
Tout cela fait un rêve étrange dans la nuit,
Et vaguement revit l'époque disparue.

Je frappe à cette porte : on n'a pas répondu.
Tout le monde est donc mort, que je n'entends personne ?
Autrefois, mon appel n'était jamais perdu !
Le vent furieux souffle, et, tout seul, je frissonne.

Ville des souvenirs, est-ce que j'ai rêvé ?
Comme un éclair des cieux, tout a fui par l'espace ;
Je marche, et sous mon pied résonne le pavé.
Mais pâle, et tout en noir, voici qu'une ombre passe.

Elle me prend la main sans rien dire, et je vais
Je ne sais où. Voici que se dresse l'église ;
Le livre de prière où jadis je lisais
S'entr'ouvre de lui-même afin que j'y relise.

Un lambeau de nos cœurs est resté sur l'autel
Où nos mères portaient des bouquets de fleurs tendres,
Alors qu'on nous disait : Pas d'orgueil, ô mortel,
Tu ne seras un jour qu'un tas de froides cendres.

Le Crucifié pâle est là qui tend les bras,
Se tordant sur la croix, et montrant ses blessures.
Le dieu des anciens jours dit : « Tu te souviendras,
C'est moi qui souriais à vos enfances pures. »

III

Mais je reste immobile, et les deux bras croisés.
Je ne veux pas, mon cœur, qu'encor tu te souviennes !
Le vent de la jeunesse a séché les baisers
Que posaient sur mon front les amours anciennes.

Je ne relirai pas les livres que j'ai lus,
Car je n'en comprends plus le langage mystique.
Qu'importe que je sois mortel ? Je ne veux plus
Dire *mea culpa* sous le fouet ascétique.

Je ne livrerai pas mon cœur comme jadis ;
Debout dans la lumière, et rempli de mon être,
Sans plus me soucier du divin Paradis,
Je ne veux pas m'agenouiller devant un maître.

Notre devoir, à nous, c'est d'être audacieux.
Nos générations ont assez de superbe
Pour aller, sans pâlir, jusqu'au fond noir des cieux,
En arracher les dieux comme une touffe d'herbe.

Aimant la liberté, la joie et la beauté
Du monde, maudissant les douleurs inutiles,
Et saluant la grande et forte Humanité,
Sur les autels brisés nous siégerons tranquilles.

Arrière le passé qui m'enlace le cou;
Et qui m'attache au pied le boulet et la chaîne !
Libre de sa tutelle, en plein ouragan fou,
Je veux ouvrir mes bras et grandir comme un chêne.

Est-ce ma faute, à moi, si l'Idée au vol prompt
Et terrible, en poussant une clameur de joie,
Est venue un beau jour s'abattre sur mon front
Comme un aigle éperdu qui tombe sur sa proie ?

Sa serre vigoureuse étreignait mes cheveux,
Et je me débattais sous ses larges coups d'ailes ;
Mais l'oiseau se roidit, furibond et nerveux,
Et me ravit au ciel inondé d'étincelles.

Il t'a fallu, grand aigle, un peu plus de vigueur
Que pour voler l'enfant Ganymède, sans doute?
Mais je t'ai pardonné d'avoir été vainqueur,
Et je t'ai dirigé par la sublime route.

Là, Phébus n'était plus qu'une boule de feu ;
Comme le Golgotha, tout l'Olympe était vide,
Et le septième ciel pleurait encor son dieu:
Il les a tous mangés, le Temps, ce père avide !

Ayant vu tout cela, je suis redescendu,
Et j'ai crié néant à qui disait mystère.
Jéhovah dans le ciel immense s'est perdu,
Et la Terre a pour reine éternelle la Terre.

IV

Ainsi, devant mes yeux que remplit le soleil,
Je vois se déchirer le voile des ténèbres.
Il me semble sortir d'un douloureux sommeil ;
Évanouissez-vous, ô visions funèbres !

Et je marche gaîment en sifflant mes chansons
Où rit la joie, où danse éperdument l'ivresse ;
Pour égayer un peu la route où nous passons,
J'ai chanté la beauté qu'embellit la jeunesse.

Aussi, frère, je t'ai dédié ces gaîtés
Qui te feront sourire au milieu de tes luttes ;
A ton âpre fanfare aux éclats redoutés
Se mêlera le son réjouissant des flûtes.

Et tu tendras la main au chanteur presque enfant,
Dont le cœur a laissé s'envoler ce poëme
Comme un oiseau qu'on lâche au matin triomphant,
Tout mouillé de rosée et gai comme un bohême.

L'on sait que ta massue est rude aux immortels,
Et qu'apôtre amoureux de notre vie humaine,
D'un coup tu fais rouler à terre leurs autels,
Cependant qu'un tas noir de prêtres se démène.

Même, tu défonças la clôture des cieux ;
Les clous de tes souliers s'y peuvent voir encore ;
Et tu précipitas tout le troupeau des dieux
Dans l'abîme éternel qui crée et qui dévore.

Moi, je n'élève pas jusque-là mon essor.
Je ne voyage pas dans le pays des causes ;
Car je me sens trop jeune, et je ne veux encor
Que soulever mon verre en y jetant des roses.

Et, courant par la rue en vrai bohémien,
Ou battant la campagne au soleil qui m'entête,
Je regarde monter ton vol aérien
Et libre, qui remplit tout le ciel, ta conquête.

J'irai peut-être un jour te retrouver là-bas,
Quand je me sentirai pousser les grandes ailes.
Nous goûterons tous deux l'ivresse des combats,
En mêlant à l'azur nos âmes fraternelles.

Tu seras couronné de rayons de soleil,
On entendra ta voix dans le vent et la foudre,
Et, pour suivre de loin ton essor sans pareil,
Je partirai, lançant des tourbillons de poudre.

V

En attendant, perché sur un arbre, narquois
Et fantasque, sifflant tous les buveurs d'eau claire,
Et du matin au soir humant l'air des grands bois,
Je fais damnablement l'amour. Bonne nuit, frère !

AMOURS AU VENT

Quand l'hiver tremblotant comme un vieil imbécile
Devant Mai le siffleur tournera les talons,
Nous vivrons en plein air la vie ample et facile,
Sans distinguer les blés d'avec tes cheveux blonds.

Mes chansons reprendront leur course échevelée,
Heureuses de sortir enfin du noir exil ;
D'oiseaux notre forêt sera toute peuplée,
Et la vie est si bonne au gai soleil d'avril !

Nous, sans mélancolie et sans afféterie,
Nous nous aimerons bien l'espace d'un couchant ;
L'herbe sera profonde, éclatante et fleurie,
Et nous boirons ensemble aux clairs ruisseaux d'argent.

Nous nous accouplerons comme de simples lièvres,
Dans la naïveté des faunes d'autrefois :
Tudieu, comme je vais baiser tes belles lèvres,
Et comme nous ferons l'amour, au fond des bois !

PROPOS CAVALIERS

Bonjour, la belle fille blonde,
Qui m'as fait tomber en langueur;
Cent louis pour ta jambe ronde,
Et deux cents louis pour ton cœur !

— Pour le cœur, je veux un sourire
Aussi gai qu'un oiseau lâché,
Et la jambe ronde, messire,
Sera par-dessus le marché.

— Je prends tout, belle fille blonde,
Et mon cœur s'ouvre à deux battants
Comme pour contenir un monde,
Pour se remplir de tes vingt ans !

— Mon âme jusqu'ici trompée
Enfin a trouvé son seigneur ;
Vous avez une belle épée,
Un front sans ride, et de l'honneur.

— Et moi, j'ai trouvé la maîtresse
Que d'avance adoraient mes vers,
Et ma grande coupe d'ivresse
Va déborder sur l'univers.

RITOURNELLE NORMANDE

Ma chanson, sois comme une fleur
D'éclatante et pourpre couleur
Au milieu des rimes dorées ;
Comme dans les blés d'or de Caux,
Étalant leurs faces pourprées,
Montent les grands coquelicots.

Sous le col ayant mes deux mains,
Je me couche par les chemins ;

Au loin quelque chose qui bouge,
Soit crête de cocorico,
Soit vivante escarboucle, est rouge
Comme un sanglant coquelicot.

Je n'ai pas un cœur de rocher !
J'ai vu lentement s'approcher
Le petit point rouge qui brille :
Ma chanson, va dire à l'écho
Que c'est un chaperon de fille
Plus rouge qu'un coquelicot.

Bonjour, la belle au pot au lait !
Invite-moi donc, s'il te plaît,
A manger tes lèvres de fraise :
Je payerai bien mon écot !
Mon cœur, n'étant plus qu'une braise,
Est couleur de coquelicot.

Je la regardais ébloui :
De l'œil elle me disait oui,
Avec un geste qui refuse.
Et Camargo, j'entends Margot,
Était là devant moi, confuse,
Rouge comme un coquelicot.

MA CONVERSION

Mes fils, je m'en souviens encore,
C'était un beau matin de mai ;
A peine, aux baisers de l'aurore,
S'éveillait le val parfumé.

J'avais été mélancolique
Pour l'amour de la grand' beauté
D'une vertueuse Angélique,
Fière de sa virginité.

Et comme sur ses lèvres roses
Je distillais mes premiers vers,
(Tout le monde connaît ces choses!)
J'avais l'esprit tout à l'envers.

Or vient à moi de la montagne
Une troupe de beaux garçons
Qui bouleversait la campagne
D'éclats de rire et de chansons.

Et, m'appelant dans la lumière,
L'un d'eux me cria : « Que vas-tu
Faire dans le bois solitaire,
Seul à seul avec ta vertu ?

« Elle est mauvaise compagnonne,
Rend le teint blême et les yeux creux,
Et pour en faire sa mignonne
Il faut être bien amoureux.

« Viens avec nous, et de ses tresses
Débarrasse ton pauvre cœur ;
Nous te montrerons des maîtresses
Qui n'ont pas de souris moqueur.

« Elles ont des lèvres vermeilles,
Nous en sommes tout embrasés,
Et ce sont les belles bouteilles
Qui nous empourprent de baisers. »

Je voulus bien jouer ce rôle ;
Le cabaret m'avait tenté !
Et l'on invita chaque drôle
A verser sa part de gaîté.

Mais, à mon mauvais rêve en proie,
Je ne pus payer mon écot ;
Et j'étais sombre dans leur joie
Comme le spectre de Banquo.

Pourtant, la liqueur non pareille
Dans mes artères ruissela,
Et dans le tuyau de l'oreille
Une voix douce me parla :

« Je suis l'âme du vin magique,
Ami de l'homme, et bon sorcier,
Qui sait bien mieux que la musique
De ses peines le délier.

« Glou glou ! je passe, je frissonne,
Je me rue à travers ton corps.
N'entends-tu pas mon chant qui sonne
Comme le bruit joyeux des cors ?

« Glou glou ! je monte dans ta tête,
Et j'emporterai dans mes flots
Le souvenir de l'amourette
Qui t'avait rempli de sanglots.

« Glou glou ! le soleil est mon père,
Je fais étinceler tes yeux ;
L'image qui les désespère
Va s'évanouir dans les cieux ;

« Et, transformé par ma puissance,
Tu ne verras plus que bois verts
Où, dans sa belle adolescence,
Folâtre le jeune univers.

« Glou glou ! je frappe ton ouïe,
Et tu n'entendras plus sa voix !
A cette voix évanouie
Succède la chanson des bois.

« Glou glou ! je coule sur tes lèvres
Dont les désirs inapaisés,
Alors qu'elles brûlaient de fièvres,
Vainement s'offraient aux baisers.

« Dorénavant, au lieu de bouches
Avares de baisers d'amour,
Ce sont les verres peu farouches
Qui te baiseront nuit et jour ! »

Et, séduit par tant d'éloquence,
Tendant les muscles de mon cou,
Je buvais dans un doux silence
Qu'interrompait le seul glou glou ;

Si bien qu'incendiant ma trogne,
Peuplant de rêves mon cerveau,
Je devins un fervent ivrogne
Baptisé dans le vin nouveau ;

Que de ce vieil amour du diable
Enfin je demeurai vainqueur,
Et que je roulai sous la table,
La bouteille contre mon cœur !

DITHYRAMBE

J'ai trois bouteilles dans le corps
Sus ! En avant ! Envoyant paître
Et prédicateurs et recors ! —
Chantons un petit air champêtre.

Tiens, nous nous sommes fourvoyés,
Fils, dans des ornières profondes.
Mais bah ! qu'importe ? Oyez, oyez,
Comme Colomb, je vois deux mondes !

Au fait, n'ai-je donc pas deux yeux ?
Je vois mille choses superbes ;
La terre danse avec les cieux,
Les lutins sautent dans les herbes.

Voici mon rêve d'aujourd'hui :
La nature est une ivrognesse
Soûle de lumière et de bruit
Dans son éternelle jeunesse,

Qui pousse, au fond des cieux sacrés,
Un gigantesque éclat de rire,
Jongle avec les astres dorés
En son vertigineux délire,

Et dans un rut perpétuel
Brûle le grand Tout à sa flamme,
Sur la terre suspend le ciel,
Et pousse l'homme sur la femme.

O ciel, ô terre, ô grande mer,
Ivresse éternelle des choses !
Je confonds, n'y voyant plus clair,
Les gouttes de vin et les roses.

Je crois, au coucher du soleil
Semblable à quelque rouge trogne,
Dans le vin qui coule, vermeil,
Voir se vautrer un vieil ivrogne.

La terre tourne, le grand ciel
Tourne ; tout tourne, tourne ! — Au diable,
Je veux crever ma poche à fiel,
Et déclarer tout admirable.

O mes amis, embrassons-nous !
Que la vie est belle, après boire !
Je veux tomber sur les genoux,
Amour, et célébrer ta gloire.

Viens ici me parler un peu,
Toi qui peux comprendre Shakespeare;
Ma petite Anglaise à l'œil bleu
Qui m'ensorcelas d'un sourire !

Je veux, à l'ombre des forêts,
Cueillir la fleur épanouie
De ton charmant visage, frais
Comme un ciel lavé par la pluie.

Vois-tu, lorsque l'on a vingt ans,
Il faut boire, boire à la ronde,
Pour avoir les yeux éclatants,
A la santé de tout le monde ;

Aimer à plein cœur, mon amour,
Chanter son soûl, rire de même ;
Et puis, lorsque tombe le jour,
Du fond d'une extase suprême

Suivre indéfiniment des yeux,
Dans un océan de lumière,
Les grands nuages écumeux
Comme la mousse de la bière !

O.

CHOEUR DE BUVEURS EN HIVER

A ALBERT MÉRAT

Vieux vin, sors de ton cachot,
Le vent siffle, siffle, siffle,
Et fais-moi le cœur tout chaud !
Morsure, et piqûre, et giffle,
Le vent siffle, siffle, siffle.

Vin joyeux comme un printemps,
Le vent souffle, souffle, souffle,
Fais chanter mes quarante ans !
L'hiver est un vieux maroufle,
Le vent souffle, souffle, souffle.

Pétille et saute au plafond;
Le vent cingle, cingle, cingle.
Remplis bien mon cœur profond!
Acéré comme une épingle,
Le vent cingle, cingle, cingle.

Tous, ce soir, nous serons soûls,
Le vent beugle, beugle, beugle,
Et nous jetterons deux sous
A l'Amour, ce vieil aveugle;
Le vent beugle, beugle, beugle!

LES DEUX AMOURS

Moi, l'ivrogne heureux, je n'ai pour amour
Que la bière blonde, et la bière brune ;
Et devant mes yeux passent tour à tour
Un jour soleilleux, une nuit sans lune.

Le pale ale, avec sa claire couleur,
Est comme une fille aux cheveux d'or jaune,
Et qui mêle, en sa piquante saveur,
Des douceurs de nymphe à l'esprit d'un faune.

La joyeuse bière inonde mon cœur ;
Elle me remplit de son parfum d'orge,
Et sanglote avec un glouglou moqueur,
Quand elle se rue à travers ma gorge.

D'autres fois, je passe au porter amer,
Près de qui tout vin me semble tisane ;
Il m'attire comme une grande mer,
Ou comme l'amour d'une courtisane.

Je sens son baiser métallique et froid
Se poser longtemps sur ma lèvre rouge,
Et la volupté se mêle d'effroi
Dans la pâmoison que donne la gouge.

Donc, ô bière noire, et toi, bière d'or,
Affluez vers moi du pays des brumes ;
Et, pour vous montrer bonnes sœurs encor,
Sur ma bouche en feu mêlez vos écumes !

BEUVERIE FLAMANDE

A ERNEST COQUELIN

Plus tard, quand je serai l'amant
D'une grosse cabaretière,
Dans un bouge quasi flamand
Nous festoierons la nuit entière.

Si nous avons assez d'argent
Pour ne pas faire banqueroute,
L'aube nous trouvera mangeant
Un énorme plat de choucroute.

Nous aurons de grands pots d'étain ;
Et je ne compte pas les pintes
Qui, dès le lendemain matin,
Sur nos figures seront peintes.

Par un miracle sans pareil,
On verra, sur nos fronts sans fièvre,
En beaux rubis pleins de soleil
Se changer le pâle genièvre.

Dans nos larges gorges sans fond
Tombera le joyeux pale ale ;
Et brusquement, hors du plafond,
Tous nos rêves déploieront l'aile.

Des formes vagues passeront
Au son léger de la musique,
Et puis voltigeront en rond
Dans notre ivresse fantastique.

Sous de charmants bois redoutés
Nous suivrons des sentiers perfides,
Et nous prendrons des libertés
Avec d'adorables sylphides.

Des farfadets malicieux
Nous enlaceront de leurs queues :
Et l'immense bonté des cieux
Nous sourira des voûtes bleues.

Puis quand, nos pipes s'éteignant,
Se dissipera la fumée,
Nous resterons seuls, étreignant
La tavernière bien aimée.

Plus de ciel féerique et divin,
De lune et de formes dansantes ;
Mais du gin, de l'ale et du vin,
Et des faces réjouissantes.

Nous prendrons la réalité
Telle quelle. Au sortir du rêve,
Moi, j'aurai cette dignité
Par qui l'âme humaine s'élève ;

Mon œil entr'ouvert sourira
Comme l'œil béat d'un chanoine,
Et la bière ruissellera
Sur ma barbe couleur d'avoine.

UN HYMNE

EN L'HONNEUR DE MAITRE FRANÇOIS

Par Rabelais, mon grand ancêtre,
Je veux qu'on m'envoie à Bicêtre
Si homards cuits et cardinaux
Près de nous ne se montrent blêmes,
Et si nos ventres pour emblèmes
Ont autre chose que tonneaux.

Gloire au grand rieur qui sut boire
Toute sa vie, et gloire, gloire
A la bonne ville de Tours

Qui vit naître, rond comme un chantre,
Celui dont le superbe ventre
Avait quatre toises de tour !

Le rire est le propre de l'homme,
S'écriait-il. Et qu'est-ce, en somme,
Que la vie ? Un peu moins que rien,
L'ombre fugitive d'un rêve ;
C'est un ballon gonflé qui crève
En plein essor aérien.

Bien qu'elle nous semble si chère,
C'est une vanité légère.
Et je m'irais douloir ? Merci !
Voici bien toute ma pensée :
C'est le fait d'une âme insensée,
Pour si peu prendre grand souci.

A boire ! à boire ! et qu'on me verse
Le joyeux vin qui se disperse
Dans tout mon corps plein de frissons,
Par qui mon sang bout et s'allume,
Et qui me jette sur ma plume
Pour écrire mille chansons.

O vieux vin, que je te révère !
Je tiens l'oubli dans mon grand verre,
Et d'un coup je le veux vider.
Je veux, couronné de verveines,
Le sentir glisser dans mes veines,
Me pénétrer et m'inonder.

Sur le parquet jonché de roses,
Je veux, affranchi des névroses
Qui me serraient hier le front,
Me coucher tout du long pour boire ;
Et la tristesse et l'humeur noire
Dans ma bouteille se noîront.

Je suis chargé de mainte faute ;
Mon corps diabolique est l'hôte
D'un tas de vices peu chrétiens ;
Mais, quand j'ai bu, je sens mon âme
Doucement se fondre à la flamme
De nos familiers entretiens.

Alors, je trouve toute chose
Adorable. Je ris sans cause ;
Et — toi qui m'entends, tu riras ! —

J'ai des tendresses si profondes
Que je voudrais presser les mondes
Dans l'étreinte de mes deux bras.

Ah! quand j'ai bu, plus de superbe!
Je ne foulerais un brin d'herbe
Sans bien lui demander pardon ;
Toute haine, tout noir délire
S'évanouit dans le grand rire
Du joyeux curé de Meudon !

A UNE CRUELLE

SÉRÉNADE

I

La nuit profonde, profonde,
Met son masque de velours ;
Mais la lune blonde, blonde,
S'éveille avec les amours !

II

Ah ! la nuit est fraîche, fraîche,
Mais mon cœur brûle toujours,
Et sur pied je me dessèche,
Et les grands murs blancs sont sourds.

III

Tu riras de moi, sans doute,
Pendant que je pleurerai ;
Bien aimée, écoute, écoute
La chanson de l'éploré !

Tra la la, la la la laire,
Tra la la, la la la la !...

VERS FACÉTIEUX

C'est faire un songe plein de très-exquises choses
Que de m'en aller, triste et lassé, vers le soir,
Chanter ma sérénade et me longtemps douloir,
Pour voir bâiller un peu tes fenêtres tant closes.

Prenant pour me pâmer de délicates poses,
Les deux mains sur le cœur, ivre de désespoir,
Je m'étendrai dans la poussière du trottoir
Où mon rêve fera germer pour toi des roses.

Et plus tard, quand l'amour nous aura tous les deux
Ravis au fond des bois touffus et hasardeux,
Avec dévotion nous nous sourirons d'aise.

Et lorsque le tombeau sera ton dernier nid,
Moi, je mourrai, trouvant la vie une fadaise,
Et ce conte devra finir, car tout finit.

SÉRÉNADE SILENCIEUSE

I

O réverbère, ô vieux pavés
Qui tressaillez sous son pied leste,
Par les couchants d'or vous rêvez
De très-doux vers inachevés. —

C'est une sérénade : peste !

II

Devant sa porte, tristement.
O pavés, morne réverbère,

Vous chantez un couplet charmant
Qui se perd dans le soir dormant. —

Et son petit cœur délibère.

III

La señora blonde aux doux yeux
Ouïra-t-elle ce mystique
Entretien, air silencieux
Comme une aile qui vole aux cieux ? —

Comprend-elle votre musique ?

IV

Je ne sais pas ! je ne sais pas !
Mais, cette nuit, j'irai vers Elle,
Les deux mains sur mon cœur, à pas
De loup, rimant tout bas, tout bas...

Sommeillez-vous, la damoiselle ?

A CELLE

QUI FAIT SEMBLANT DE NE PAS COMPRENDRE

Quand sous ta fenêtre, en pleurant, ma belle,
Langoureusement je passe le soir,
Je ne puis fléchir ta beauté rebelle,
Et tu fais semblant de ne pas me voir.

Quand, à l'heure triste où chacun sommeille,
Amoureusement je chante tout bas,
Tu ne me tends point ta petite oreille,
Et tu fais semblant de n'entendre pas.

Mon âme est à toi, mais tu fais fi d'elle;
Tu veux être aimée, et n'en rien savoir...
Tu portes sans doute un cœur très-fidèle,
Mais tu fais semblant de n'en pas avoir.

A UNE DAME

QUE JE N'AI JAMAIS VUE

Dame dont la blanche main
Rime d'or avec jasmin,
Une muse vagabonde
Vous salue ; à voyager
En un pays étranger
Pourtant le péril abonde.

Car le sentier de mes vers
Peut aller tout de travers ;

Invoquerai-je la lune,
Ou le rayonnant soleil?
Un teint pâle, un teint vermeil?
Vous ferai-je blonde ou brune?

Ne sachant trop que louer,
Il me faut donc avouer
Qu'en cette chance incertaine
J'aime cheveux blonds ou noirs,
Charme des jours ou des soirs...
Et quand vous seriez châtaine?

Moi, j'adore des cheveux
Pleins de soleil, et je veux
Dire qu'une tête blonde
A la grâce d'Apollon,
Lorsque le dieu jeune et blond
Va baigner son front dans l'onde.

Et j'adore aussi de bruns
Cheveux aux puissants parfums,
Dont les superbes torsades
Sont pareilles à la nuit,
Et traîtreusement, sans bruit,
Éveillent les sérénades.

Et j'aime encor le châtain ;
Tel, devant qu'il soit matin,
Ou quand la nuit est prochaine,
On peut voir le firmament
Douteux flotter vaguement
Entre l'or pâle et l'ébène.

Aussi, de toutes façons
Je vous aime, et mes chansons,
Comme sveltes demoiselles,
Vont vers d'inconnus amours
A vos pieds, dans le velours,
Doucement battre des ailes.

PAROLES SANS ROMANCE

A LÉON VALADE

Ma sérénade ne sera
Pas du tout méridionale;
Je hais l'ardente saturnale,
Les loups de satin, l'opéra,
La gaîté stridente et banale.

A l'hidalgo fier, sacripant
Pointu de dague et de moustaches
Bravo fleurdelisé de taches,
Je laisserai les cris de paon
Poussés en croquant des pistaches.

Muet, sans masque de velours,
Je marcherai sous ta fenêtre ;
Et tu sauras me reconnaître,
Car mes pas se feront moins lourds
Sous ton œil bleu qui me pénètre.

Je mettrai les mains sur mon cœur,
Mandoline aux tintements mièvres ;
Et mes doigts qu'agitent les fièvres
Feront la basse à l'air moqueur
Que dit la flûte de tes lèvres.

Et, quand je tendrai mon manteau,
L'œil suppliant et sans rien dire,
Tu me jetteras, pour m'occire,
Fin et poli comme un couteau,
Quelque silencieux sourire.

AVANT

> Thine eyes......
> Have put on black, and loving mourners be.
> SHAKESPEARE.

Pourquoi votre œil est-il si noir,
N'était le deuil d'une amour morte?
Votre cœur est-il un manoir
Dont nul né peut franchir la porte?
— N'était le deuil d'une amour morte,
Pourquoi votre œil est-il si noir?

Par quelque navrant clair de lune
Je frapperai tout doucement.

Mais pourquoi tenter la fortune
Si vous tenez un vieux serment?
Je frapperai, tout doucement,
Par quelque navrant clair de lune.

Baisserez-vous le pont-levis
Pour recevoir l'amour encore?
Le premier jour que je vous vis,
Je sentis mon cœur près d'éclore.
— Pour recevoir l'amour encore,
Baisserez-vous le pont-levis?

Si votre âme en chantant s'éveille
Par le conseil du tiède soir,
Comme une étoile non pareille
Je verrai luire votre œil noir;
Par le conseil du tiède soir
Si votre âme en chantant s'éveille.

APRÈS

Oui, vous êtes royale, et, sans flatter, madame,
Votre sourire est plein de miel et de soleil.
Votre teint pâle fait paraître un teint vermeil
Banal ; vous êtes, bref, une charmante femme.

Vous n'avez jamais ri de moi, de moi, l'infâme,
Aux mendiants tout nus des grands chemins pareil,
Et pour moi vos regards, dans un demi-sommeil,
Luisent sous vos grands cils comme une sombre flamme.

Et pourtant, je vous quitte. Au vent du ciel mauvais,
La mandoline au dos, loin de vous je m'en vais :
J'ai des chansons encor, que voulez-vous, madame?

Je vais tendre la main au seuil des vieux manoirs.
Je ne vous dis pas, moi, que vous n'ayez point d'âme ;
Mais je ne comprends pas les femmes aux yeux noirs.

A UNE BELLE DAME

SONNETS CATHOLIQUES

I

Votre beauté royale, et point du tout modeste,
M'effraye, ô ma très-chère ! Être adoré de vous
Me fait un bonheur bien fragile, quoique doux,
Et, dans tout mon orgueil, l'humilité me reste.

Quand votre bouche gaie et rose m'admoneste,
Je me meurs, — comme un bon catholique à genoux,
Le front dans la poussière, au pied d'un Jésus roux,
Faible et fort, et coiffé d'une gloire céleste.

Mais, la nuit, pour passer sous votre balcon, l'œil
Levé, sans chantonner, drapé dans un long deuil
Argenté de mes pleurs, mal enterré, je triche ;

Et, comme un rire aigu perce les amoureux,
J'exhale une prière, et je me sens peureux
Comme un poëte pauvre, ou comme un voleur riche.

II

Vous vous êtes penchée, un beau jour, sur mes yeux ;
Vous vous êtes penchée, une nuit, sur mon âme ;
Et vous m'avez aimé, bien que je fusse infâme,
Et vous m'avez souri, bien que je fusse vieux.

J'ai recueilli, comme un adorateur pieux,
L'éternel souvenir de ces baisers de femme ;
Et, parmi mes pensers tristes et noirs, madame,
Resplendissent encor vos regards glorieux.

Je n'ai que ce reflet de votre amour pour vivre,
Puisque au ciel vous trônez, quand je suis encore ivre.
Vers votre beauté blanche exhalant mon credo.

Car vous êtes rentrée en l'immobile extase,
Sans rien voir, à travers votre voile de gaze ;
Car vous êtes la lune, et je suis un seau d'eau.

RÉVOLTE

Un jour, nous jetterons au vent ce ramassis
De hideux habits noirs, et de tuyaux de poêles,
Et le monde étonné pourra nous voir assis
Dans la pourpre des dieux, le front cerclé d'étoiles.

Ou bien, nous vêtirons le grand manteau des rois,
Et dans le velours bleu nous draperons nos poses;
Et l'on verra briller l'or chatoyant des croix
Sur nos bustes cambrés pour les apothéoses.

Quelques-uns coifferont galamment le chapeau
Espagnol à pompons, ou bien le béret basque,
Et sous le grand soleil qui leur cuivre la peau,
Fébriles, danseront un boléro fantasque.

D'autres se planteront au chef, sur le côté,
La toque florentine avec la plume rouge,
Fêtant de leur guitare, aux douces nuits d'été,
Quelque belle duchesse, ou quelque simple gouge.

Les autres, attablés devant d'immenses brocs,
Pour dérober leurs yeux luisants et leurs figures
Et ne laisser percer que la moustache en crocs,
Choisiront les Rubens à superbe envergure.

Ainsi faits, et parés de nos hardes, à nous,
Mais non pas déguisés, tous, peintres et poëtes,
Nous prendrons quelque jour solennel rendez-vous
Pour entendre hurler Paris plein de tempêtes.

Aux plus claires chansons de nos musiciens,
Nous nous en irons tous par fières cavalcades;
Ou montés noblement sur des chars anciens,
Sans souci des agents qui nous servent d'alcades;

La cité, jouissant de ce nouveau coup d'œil,
Trouvera, s'il lui plaît, nos mines incongrues ;
Et nous, nous saluerons avec tout notre orgueil,
Quand on nous jettera des pierres dans les rues.

A RAOUL PONCHON

POÈTE

Toi qui marchas tout seul dans le monde infini,
Et qui n'as pas trouvé de sucre dans ton verre ;
Qui cependant souris à ton destin sévère,
Être paradoxal et jeune, sois béni !

Soûl comme un templier, et joyeux comme un nid,
Tu nous montres un front rayonnant de lumière,
Et j'aime de tes yeux la gaîté coutumière,
Et ton petit nez rond comme un point sur un i.

Raoul Ponchon, poëte aux grands cheveux antiques
Dont le jais eût tranché sur de blanches tuniques,
D'un salut fraternel je t'accueille en chemin ;

Car, ô païen ayant pour déesse la Joie,
Je hais jusqu'à la mort ce siècle qui larmoie,
Et ton rire est plus franc, plus large et plus humain.

L'ÈRE NOUVELLE

J'allais jadis à la messe :
Agonise, ô mon passé !
Voici naître ma jeunesse —
Requiescas in pace.

Jetons un funèbre voile
Sur ce vieux temps triste et cher,
Et puisse ma bonne étoile
Rire en dansant sur la mer !

L'avenir ! j'ai vu sourire
L'avenir au fond des cieux,
Et je trempe, avant d'écrire,
Ma plume dans du vin vieux.

Puis, ô charme de la femme ! —
L'amour, l'amour à pleins bords :
Il déborde de mon âme
Et ruisselle sur mon corps.

Des visions de poëte
Prennent en moi leurs ébats ;
Mille rêves dans ma tête
Dansent d'effrayants sabbats.

Mon âme ardente et ravie
S'envole par l'infini :
A la santé de la vie
Marchant au soleil béni !

Souris, ô destin sévère,
A ceux qui te souriront !
J'ai des rubis dans mon verre
Et des roses sur le front.

Ah! chantons une ballade;
Écoutons les luths glapir,
Et que la joyeuse Hellade
Revive dans un soupir!

Tout fuit, tout s'en va, mes frères,
Pour s'abîmer au tombeau;
Buvons donc nos larges verres,
Pendant que le ciel est beau!

Puis, n'étant rien que poussière,
Quand je m'en irai, pâli
Par la blafarde lumière
Des limbes du grand oubli,

M'endormir, après l'orgie,
Chez mon père et mon aïeul,
Que dans la nappe rougie
On me coupe mon linceul!

ÉLÉGIE

SUR LA MORT D'UN AMI

J'aurais bu, certes, dans ton crâne,
Une bouteille de vin vieux,
O bon vivant, cœur libre et crâne,
Toujours joyeux.

Mais notre siècle pâle et veule,
Las! a plus d'un grain là dedans,
Et ne tient plus son brûle-gueule
Entre ses dents.

Enfin, tant pis ! En terre grasse
Nous t'avons mis, loin du saint lieu,
Sans implorer pour toi la grâce,
    Sans prier Dieu.

Comme de fidèles Orestes,
Le chapeau bas, mais tous debout,
Nous avons salué tes restes,
    Et voilà tout.

Le carnaval chantait encore
Avec sa trompe et son crincrin :
Gaîté, pauvre oiseau qui picore
    Un dernier grain !

Une bien faible résonnance
Parvint à peine jusqu'à nous ;
L'esprit gaulois fait pénitence
    A deux genoux.

Ta vie, ivre de poésie,
Fut un bien autre carnaval
Toi qui montais la fantaisie
    Comme un cheval

Ta gaîté, dans quelque affreux bouge,
Embouchait des cors forcenés,
Et ta belle trogne était rouge
    Comme un faux nez.

Épris de joie et de bien-être,
Tu n'as jamais compté les jours
Que tu jetais par la fenêtre
    Des beaux amours.

Songeant aux temps passés, il semble
Que l'on n'ait rien fait que rêver.
Las! nous ne boirons plus ensemble
    Jusqu'à crever.

Nous n'aurons plus même maîtresse,
Même verre et même soleil;
Ivre mort, cuve ton ivresse,
    Dors ton sommeil!

Mais au moins que l'ombre ne pèse
Sur ton pauvre front endormi;
Que le ver doucement te baise
    Comme un ami

Sur ton corps, des fleurs parfumées
En mai sans doute vont fleurir,
Que les aimés et les aimées
    Viendront cueillir.

Tous les oiseaux du cimetière
Mettront pour toi le bec au vent;
Car ta gloire demeure entière,
    O bon vivant!

Puisque, sans testament écrire,
Tu trépassas le Lundi gras,
En poussant un éclat de rire
    Entre tes draps.

SONNET ROMANTIQUE

Terreur des jeunes demoiselles
Qui vont au Cours tous les matins,
Nos grands chapeaux battent des ailes
Dans le cerveau des Philistins.

Mais nous qui des siècles éteints
Rallumons quelques étincelles,
Nous laissons crier les crécelles
Et nous prenons des airs hautains.

Ruisselants de splendeurs passées,
En ce siècle laid, ignorons
Les vertus mal rapiécées ;

Et donc, palpitent sur nos fronts
Les hauts Rubens pointus ou ronds
Qui font de l'ombre à nos pensées.

LA CAMARDE

MISE A LA RAISON

Quand la Camarde épouvantable,
Riant de ses trente-deux dents,
Viendra pour me querir à table,
Et puis me dira : « Je t'attends ;

Il faut me suivre dessous terre
Avant de compter jusqu'à trois ; » —
Je lui répondrai, l'air austère :
« Laisse-moi tranquille ; je bois. »

EXAMEN DE CONSCIENCE

Je suis un bon vivant, très-joyeux et très-doux,
Qui me moque du pape et de la sainte ampoule;
L'enfer ne m'a jamais donné la chair de poule,
Et devant l'Amour seul j'ai ployé les genoux.

Épris de l'art divin, fou de la grâce exquise,
La tendresse et l'orgueil enveloppent mon cœur;
Des hommes je pourrai parfois être vainqueur,
Et les femmes toujours me vaincront à leur guise.

J'aime le fin sourire, et le teint rose et frais,
Et la coquetterie adorable des blondes;
Femmes cruelles, mais très-femmes, — si profondes,
Qu'elles ne savent pas jusqu'où vont leurs secrets.

J'aime les délicats mais superbes poëtes,
Qui, sans railler le sort, mais sans implorer Dieu,
Telle quelle ont aimé la vie, ayant très-peu
Rêvé du paradis les extases muettes.

Donc, les blondes m'ont pris en souriant le cœur.
Les sonnets de Shakespeare ont rempli tout mon être,
Et j'ai, comme Henri Heine, au pied d'une fenêtre,
Fait monter mes chansons vers un minois moqueur.

Parfois, las de l'amour, las de la poésie,
J'ai baisé sur la bouche une bouteille d'or
Ou de pourpre; et soudain, en soufflant dans son cor,
A galopé par monts et vaux ma fantaisie.

Mais ivrogne, amoureux ou poëte, ma foi,
J'aborde en souriant bouteille, amour, poëmie;
Et, comme mon esprit est un libre bohème,
Les petits mendiants sont des frères pour moi:

A LOUIS FORAIN

Allons, foin des ivresses brèves
De nos esprits désordonnés ;
En tombant de nos divins rêves
Nous nous sommes cassé le nez.

Mais que veux-tu ? La chose est sûre,
Nous dégringolâmes des cieux ;
Et, de mon feutre à ta chaussure,
Il n'est rien de semblable aux dieux.

Nous sommes mêlés à la tourbe
Dont un vent peut sécher les pleurs,
Qui, riant, criant, dans la bourbe
Traîne son fardeau de douleurs.

Comme deux hommes de la plèbe,
Nous nous courbons sur nos travaux ;
Et, comme ils retournent la glèbe,
Nous, nous fouillons dans nos cerveaux.

Parmi la foule, dans les rues,
Pour avancer l'on fait son trou,
Et les voitures incongrues
Vous éclaboussent jusqu'au cou.

A la montre, que de richesses
A quoi l'on ne touchera point !
Puis, pour voir passer les duchesses,
L'œil s'ouvre gros comme le poing.

Mais foin du démon de l'envie
Qui vous dessèche et vous pâlit,
Et telle quelle aimons la vie,
Tant que le grand soleil l'emplit.

Tu sais que notre vie est courte,
Et que les roses n'ont qu'un temps;
Allons donc manger une tourte
Pendant que nous avons des dents.

Au diable l'amoureux qui boude
Et les ambitieux braillards!
En liberté levons le coude,
Tant qu'il nous reste deux liards.

Puisque l'espérance nous pipe,
Comme a dit l'auvergnat Pascal,
Fumons tranquillement la pipe
D'un air pensif et monacal.

Coudoyons le bon peuple sale
Avant que d'être empaquetés,
Et que la Camarde nous sale
Pour deux ou trois éternités.

VARIATIONS

SUR UNE CHANSON POPULAIRE

Qu'on apporte sur cette table
Cinq à six bouteilles de vin,
Dans le cabaret confortable
Où règne un sans-gêne païen.

Qu'on l'apporte frais de la cave,
Le bon vin, frais comme un glaçon,
Qui fait que l'âme heureuse et brave
Voltige comme une chanson.

Bercé d'un somme léthargique,
Lorsque le corps oscille un peu,
Montant sur la fureur bachique,
L'esprit peut fendre le ciel bleu.

Quand le plafond de ce vieux bouge,
Par miracle, va s'entr'ouvrir,
Ma fantaisie ardente et rouge
Par l'immensité va courir.

En buvant le sang de la grappe,
On prend goût au divin soleil ;
La gorge que son baiser râpe
A soif de l'horizon vermeil.

En avant, les ailes ouvertes,
Dans les rayons et les senteurs ;
Les forêts humides et vertes
N'auront pas de plus gais chanteurs.

Projetant mon ombre sur l'herbe
Où le vulgaire va marchant,
Je veux mettre mon nez superbe
Face à face avec le couchant.

Qu'il fait bon respirer, et vivre
Avec les aigles! — Mais, parbleu!
J'oubliais que je suis très-ivre,
Et qu'on trébuche dans le bleu.

Oui, vraiment, comme sur la terre!
Et le vin, qui me déliait
La langue, me force à me taire;
Mais fi d'un ivrogne muet!

Et je veux parler tout de même,
Parler très-haut, parler sans fin!
Qu'on apporte encor ce que j'aime :
Cinq à six bouteilles de vin.

DERNIERS VOEUX

> Mes chers amis, quand je mourrai,
> Plantez un saule au cimetière.
> A. DE MUSSET.

Mes chers amis, quand je mourrai,
Gardez-vous de planter un saule
Sur le tertre où je pourrirai :
Et que pas un ne se désole !

Pour ma mémoire, si je fus
Joyeux au grand soleil qui brille,
N'accueillant jamais d'un refus
Bonne bouteille ou belle fille,

Aimez la vie et le printemps,
Emplissez vos âmes d'ivresses ;
Tâchez d'avoir toujours vingt ans,
Et changez souvent de maîtresses !

Gardez bien mon dernier conseil,
En vous souvenant que naguère
J'avais l'œil vif, le teint vermeil,
Le pied leste et la mine altière.

Je suis un vivant convaincu
Que tôt ou tard un mort s'oublie ;
Vivez donc comme j'ai vécu,
Sans remords ni mélancolie !

Ne devant plus revoir jamais
Les oiseaux palpitant des ailes
Et les sourires que j'aimais,
Je ne tiens guère aux immortelles.

De peur qu'un beau jour le tombeau
De rire à votre nez s'esclaffe,
Ne vous creusez pas le cerveau
A me rimer une épitaphe.

LES CHANSONS JOYEUSES. 245

Dédiez-moi vos verres pleins
Dans les tavernes enfumées,
Et contre celles des voisins
Troquez parfois vos bien aimées.

Comme je fus bon compagnon,
Racontez de moi quelque histoire,
Et faites retentir mon nom
Dans de belles chansons à boire !

DÉVOTION EN BOUTEILLE

Mes amis, n'attendons pas
La vieillesse au nez pourpré,
Pour égayer nos repas
De quelque beau vin doré.

Pas de raison si l'on veut,
Mais de la rime ! et Ponchon
Rimera, la trogne en feu,
Avec un joyeux bouchon.

LES CHANSONS JOYEUSES.

Les soucis sont comme un clou
Dans la chair ; sus ! étouffons
Avec le chant du glouglou
La voix des prêcheurs profonds.

Si nous sommes balayés
Par la Mort, de notre coin,
Trébuchants, point effrayés,
Nous irons boire plus loin.

Et si les prêtres sont fous,
Si le mort est bien fourbu,
Tant pis ! et que le sol nous
Soit léger ! nous aurons bu.

Je n'en ai souci, pour moi,
J'ai le cœur simple et sans fiel :
Et, sans me mettre en émoi
De la géhenne ou du ciel,

Parfois d'un texte sacré
J'arroserais mon rôti,
Si Jésus n'avait pleuré
Que du lacryma christi !

CONSEILS A MON NEVEU

> Mon neveu, suis la vertu.
> P. DE RONSARD.

Bois encor, bois toujours. Quoi qu'en dise le monde,
On trouve le bonheur dans la coupe profonde;
On y trouve l'oubli de tous les maux soufferts,
Et le bonheur n'est rien que l'oubli. A travers
Le cristal clair et pur, dans un rayon magique
Tu verras voltiger tout un peuple féerique;
Les rêves, en essaim riant et turbulent,
Dansent dans la bouteille et passent en sifflant.
O miracle du vin! Ce n'est pas la nuit brune
Qu'illumine d'un air narquois le clair de lune,

D'où sortent les plus doux songes : c'est le soleil,
Bouillonnant tout entier dans le vieux vin vermeil,
Qui change en un esprit chacun de ses atomes.
Foin de la nuit peureuse, et de ses noirs fantômes!
Les lutins du soleil sont joyeux et chantants :
Ils ont en eux la vie et l'âme du printemps !
Aussi, comme l'on voit s'épandre les ivrognes
En hymnes éclatants comme leurs rouges trognes !
Comme les vieux, d'un air orgueilleux et vainqueur,
Se sentent revenir une jeunesse au cœur !
Et ces lutins rieurs de la dive bouteille,
Éclos dans une grappe, et, le long de la treille,
Balancés par le vent et baisés par l'azur,
Et puis, foulés aux pieds avec le raisin mûr,
Impatient essaim qui rage et se démène,
Fou du désir de choir dans la poitrine humaine,
Montent avec l'écume aux humides parois
Du verre, et vont, joyeux, ranimer les cœurs froids.
Va, laisse-les danser dans ta tête, ces drôles!
Il est de plus bruyants et de plus mauvais rôles
Que d'aller dans la rue en trébuchant un peu,
Et tirant son chapeau lorsque l'on cogne un pieu !
Si quelque farfadet te malmène, farouche,
Éclatant par tes yeux et chantant par ta bouche,
Incendiant ton nez comme grenade en fleur,
Ne dis rien ! S'il devient maussade et querelleur,

Laisse choir ta colère et ton poing sur les têtes,
Quitte à recommencer le beau rire des fêtes.
Et le soir, au couchant, quand l'atome pâli
Au ciel remontera se perdre dans le lit
De l'espace, où la nuit jette un somptueux voile,
Repu, tu dormiras, fils, à la belle étoile,
Sur un banc dur que ta lassitude fait doux,
Sans te préoccuper du sot mépris des fous.
Là, tu reposeras ta tranquille paresse,
Ventre plein d'alcool, et cœur plein de jeunesse.

LA GLOIRE DES NEZ

Mon nez purpurin, ton nez cramoisi,
Nous font tout pareils à deux roses rouges,
Et, rassérénant le vieux mur moisi,
Jettent des clartés dans nos sombres bouges.

Le nez, quand les yeux se sont alourdis,
Porte le flambeau sacré de la vie ;
Et le grand soleil des brûlants midis
Devant cette pourpre est pâle d'envie !

O mon nez fleuri, somptueux rosier !
Je t'honore, ô ma trogne bien aimée !
La liqueur a beau racler mon gosier,
Si je l'aime, c'est qu'elle est parfumée.

Elle me rappelle ainsi les printemps
Que j'ai dépensés dans les hautes herbes,
Mes jeunes amours frais et palpitants,
Et le dôme obscur des grands bois superbes !

Elle me rappelle ainsi les senteurs
Qu'aux jours d'autrefois j'ai tant respirées,
Que mon cœur, noyé par tant de douceurs,
A failli mourir au milieu des prées.

J'estime, ô mon nez ! ton flair délicat ;
Mais surtout, flamboie encore, flamboie !
Je veux témoigner par tout ton éclat
De l'intensité de ma grande joie.

Étincelle aussi, nez de mon ami,
Du buveur exquis à la rouge lèvre
Qui jamais n'emplit son verre à demi,
Qu'il boive xérès, pale ale ou genièvre.

Frère, nous boirons pendant quatre nuits ;
Puis, nos fronts rosés comme deux aurores,
Nous sortirons, veufs de nos vieux ennuis,
Et nous serons ronds comme deux amphores.

LA FIN

A RAOUL GINESTE

S'il faut que nous mourions un jour
Et qu'on nous mette en une bière,
Trépassons aux bras de l'Amour,
Et notre bière soit la bière.

Poser son front sur deux seins froids,
Ou dans un grand moos rendre l'âme,
C'est mieux que d'avoir une croix
Avec un prêtre qui déclame.

Ayant laissé tous nos esprits
Dans la coupe aux fraîches écumes,
Il nous convient, joyeux et gris,
De mourir comme nous vécûmes.

C'est un pénible et lourd sommeil !
Pour ma part, foi de franc ivrogne,
Je regretterai le soleil
Quand la Mort pâlira ma trogne.

A l'éternité l'on prend goût,
Mais pas un n'échappe à la tombe;
Et, ne me tenant plus debout,
Il faudra bien qu'enfin je tombe.

Alors, dans les gazons naissants
Je poserai ma tête pâle,
Et vers les cieux éblouissants
Je pousserai mon dernier râle.

Ce sera par un beau matin,
Quand je serai soûl de la vie,
Quand j'aurai le regard éteint
Et le cœur mort à toute envie.

Mais conservant à mon côté
Le souvenir de mes maîtresses,
Je passerai l'éternité
A cuver toutes mes ivresses.

UN PEU DE MORALE

Nous ne sommes pas catholiques,
Et nous aimons boire un bon coup;
A des maris mélancoliques
Nous chantons quelquefois : Coucou!

Dans les amours et dans la vie
Il en est de plus scrupuleux;
Et notre jeunesse ravie
Peut s'envoler jusqu'aux cieux bleus.

Les plus gros péchés sont vétilles
Que nous commettons sans remord,
Et le rire des belles filles
Nous ensorcèle tout d'abord.

Il n'est en aucune manière
Indigne de nos dignités
De nous rouler dans quelque ornière
Quand nous avons bu des santés ;

Et, dédaignant la bonne voie
Qui mène jusqu'au seuil divin,
Nous aimons les filles de joie
Comme nous aimons le bon vin.

Mais, morbleu ! si pas un n'étrille
Tous les amours laids et paillards,
Malédiction sur la fille
Qui se prostitue aux vieillards !

ENCORE A PONCHON

Soleil aux rayons noirs, Ponchon, être étonnant!
Tu sais que le *pale ale* est mon goût dominant :
    Eh bien, par la voûte éternelle
Qui sur nos fronts déroule une bannière d'or,
De vert pâle, d'azur, ou de rubis encor,
    Je t'aime autant que le *pale ale !*

Tes vingt ans ont déjà du ventre, et, de par Dieu,
Dans sa sérénité joyeuse, le ciel bleu
    Est maussade au prix de ta joie.

Quand l'aurore paraît, pourprée, au seuil divin,
Elle est pâle, à côté de l'aurore du vin
    Qui dessus ta trogne rougeoie.

Ah ! tu te moques bien du monde, et de l'ennui !
Il ne te faut qu'un banc pour y coucher la nuit,
    Au clair de lune, ô mon poëte !
Et quand, le lendemain, se lève Ta Gaîté,
Tu peux marcher nu-tête au grand soleil d'été
    En chantant comme une alouette.

QUAND NOUS VIENDRA-T-IL UN BON ROI?

Quand nous viendra-t-il un bon roi
Qui change en vin l'eau des fontaines,
Jaillissantes et toujours pleines,
Où le pauvre peuple ait le droit
De noyer souvenirs et peines?

A leurs quotidiens labeurs
Les pauvres diables faisant trêve
Suivraient, une nuit douce et brève,
Les boulevards jonchés de fleurs...
Où soufflerait le vent du rêve.

Car l'amère réalité
Nous est versée à larges doses ;
Et, rongé de pensers moroses,
Je crie à la fatalité :
Des roses ! des roses ! des roses !

Ah ! sur les places, en tout lieu,
Je vois mille tables dressées ;
Les maigres foules, empressées
A désapprendre le vin bleu,
De volupté sont oppressées.

Dieu du ciel ! comme ce barbon
Clignote de l'œil, flaire et hume !
Près du superbe rôt qui fume
S'étale un rose et frais jambon,
Comme un nez avant qu'il s'allume.

Mainte truffe fait un trou noir,
O galantine, dans tes tranches !
Un homard sur la table en planches
A jeté sa pourpre, et fait voir
Sa chair pareille aux roses blanches.

Avec leurs bouchons de côté;
Semblables à des ivrognesses,
Les bouteilles sont les maîtresses
Qui, par ce beau soir enchanté,
Emplissent les cœurs de tendresses.

Leur âge mûr ne fait pas peur;
Belles vieillesses couronnées
De longues toiles d'araignées,
On les entoure, sans pudeur,
De caresses désordonnées.

Les unes ont des corps mignons
Et replets, comme des Flamandes;
A d'autres, miss maigres et grandes,
Les yeux cherchent de blonds chignons
Et des yeux fendus en amandes.

Toutes sont belles, et chacun
En baise plusieurs sur la bouche,
Et leur offre son cœur pour couche,
Où de maint couplet opportun
Cet accouplement fera souche.

Et puis, soûlés de vin, de bruit
Et de plaisir, les pauvres hères,
Débarrassés de leurs misères,
Dans le grand manteau de la nuit
S'endormiront comme des frères.

Et toi, bon Soleil! quand, au jour,
Tu sortiras de l'eau profonde,
Pour secouer sur notre monde
Qui te salue avec amour
Ta belle chevelure blonde,

O Soleil! tu les béniras,
Ces buveurs aux mines étranges,
Qui se lèveront de leurs fanges
Pour tendre vers toi les deux bras,
En souriant comme des anges.

HYMNE A L'ANGLETERRE

O toi qu'à Paris les concierges
Nomment la perfide Albion,
Je veux te brûler quelques cierges
Et de donner du goupillon.

Pays d'effrayants dramaturges
Et de vertigineux bouffons,
Où se coudoient les Panurges
Et les Don Quichottes profonds!

Quand tu n'aurais eu que Shakspeare,
Tu serais le pays sacré,
Puisque sous ton ciel on respire
L'air que Shakspeare a respiré;

Puisque l'on écrit aux lanternes
Sous lesquelles il écrivait,
Et que l'on boit dans les tavernes
Où toute la nuit il buvait.

Mais, allant à la découverte,
J'ai vu cent poëtes germer
Dans ton immense forêt verte,
Et me suis pris à les aimer.

Ils ont la couleur éclatante,
Dans leur grand désir de soleil,
Et l'émotion palpitante
Quand coule à flots le sang vermeil.

Puis, ils ont la mélancolie
Rêveuse des sommets brumeux,
Que parfois chasse la folie
Qui sort des verres écumeux.

Pays de la liberté sainte,
Où l'art tranquillement fleurit,
A ta santé je bois ma pinte !
Et le rêve de mon esprit

Est, pour passer ma vie en fêtes
Et pour goûter toutes saveurs,
De boire comme tes poëtes,
De penser comme tes buveurs !

L'OUBLI

> . . . Où tenons notre estat.
> VILLON.

Sommes des goujats et des gouges
Qui fêtons la vie à huis clos ;
Sur nos épaisses lèvres rouges
Le vin coule, coule à grands flots.

Le bruit de maint baiser sonore
Monte gaîment jusqu'au plafond ;
On peut dormir jusqu'à l'aurore
Dans notre lit large et profond.

Aux soucis fermons notre porte,
Et ne rêvons jusqu'à demain ;
Pour que le diable ne t'emporte,
Tu me serreras bien la main ;

Car nous sommes damnés, nous autres !
On nous grillera là-dessous.
Pourquoi faire les bons apôtres ?
Notre âme ne vaut pas deux sous.

Donc puisque sous nos pieds la terre
Ne s'entr'ouvre pas, sans remords
Ni crainte aucune du mystère,
Jouissons bien de notre corps.

Buvons à même les bouteilles !
Le vin, coulant sur nos habits,
Nous fait des parures vermeilles
D'escarboucles et de rubis.

Couchons-nous tout du long, par terre ;
Et que nos cœurs inapaisés
Passent de l'ivresse du verre
A l'âcre ivresse des baisers ;

Et que notre double folie,
Pleine de transports inconnus,
Étouffe la mélancolie
Dans l'étreinte de ses bras nus.

LA RANCOEUR

Une fille m'a rendu triste ;
Emplissez mon verre, et chantez !
Le cœur nuageux d'un lakiste,
O vin, s'égaie à tes clartés !

M'a rendu triste... Une élégie
Soupire dans mon cœur charmé ;
Mais saurai-je, après notre orgie,
Si mon cœur a jamais aimé ?

Les cardinaux, je les révère,
Tout rutilants sous le ciel bleu!...
J'aime mieux la pourpre du verre
Qui dans un rêve me fait dieu.

Mais, ô bouteille charmeresse!
Peux-tu faire oublier un jour?
Chasseras-tu, criarde ivresse,
L'ivresse douce de l'amour?

Mais, bah! qu'importe? Un rêve étrange,
Rempli de folles voluptés,
Nous fera rouler dans la fange
Ou monter jusqu'au ciel... — Chantez!

Derrière nous, le troupeau blême
Des souvenirs si douloureux;
Et, devant nous, l'heure suprême
Où l'on n'est plus même amoureux.

Allons, la tristesse persiste;
Mais perdons nos instants comptés!
Une fille m'a rendu triste;
Emplissez mon verre; et chantez.

A PAUL BOURGET

La taverne a bien des charmes,
Et c'est un plaisir sans prix
Que de boire ainsi les larmes
Des vieux cruchons attendris.

Mais je m'en vais, il me tarde...
O taciturne songeur!
Tu verras dans ta mansarde
Revenir le voyageur.

Aux soirs d'hiver, l'âme triste
Et joyeuse en même temps,
Suivant tous deux à la piste
Nos souvenirs de printemps,

Songeant aux vieilles années
Qui sous le ciel jadis bleu
Penchent leurs têtes fanées,
Nous tisonnerons le feu.

Nous causerons de cent choses
Qui sont mortes aujourd'hui ;
Le spectre des vieilles roses
Nous apparaîtra, la nuit.

Et nous pencherons nos têtes,
Le front de clarté baigné,
Sur le livre des poëtes
Qui d'amour ont tant saigné.

Et nous relirons encore,
Le cœur doucement navré,
Ce douloureux : *Never more!*
Que Tennyson a pleuré.

Puis, s'il faut que je me prête
A ce jeûne inusité,
Nous boirons une discrète
Et bonne tasse de thé.

RONDEAU AFFAMÉ

Pauvre chère, notre ici-bas
Que de douleurs remplit le Diantre,
Ne fête pas toujours le ventre
D'un copieux et gai repas.

Tout nu dans cette vie on entre,
N'apportant rien dans son cabas,
    Pauvre chère !

Sans dîner allons pas à pas;
Si quelque chose crié au centre.
De ton corps vide comme un antre,
De baisers nous ne ferons pas
    Pauvre chère.

TABULA RASA

Elle dit que je suis fort laid, la tête rase,
Avec mon air naïf de bambin de dix ans;
Et son cruel sourire et ses yeux médisants
Sont devant ma laideur demeurés en extase.

Et je lui dis, à l'heure où sans souci l'on jase,
Que tous les amoureux, courbés et gémissants,
De rejeter bien loin tout honneur ont le sens,
Étant de pauvres serfs que le mépris écrase.

Et nous jouons avec ses beaux cheveux, si longs
Que, dans leur épaisseur, leurs flots lustrés et blonds
Suffiraient à noyer mon cœur et ma poitrine.

La chère aimée en a bien assez pour nous deux!
Et moi, je sens passer, comme un frisson soyeux,
Sur mon crâne tondu sa petite main fine.

FROID ET CHAUD

Au clair de la lune, je veux,
Mélancolique, et sans escorte,
Chanter ma sérénade, en sorte
De mettre à ses pieds tous mes vœux.

Le vent souffle dans mes cheveux,
La nuit me glace; mais qu'importe
Au clair de la lune?

J'ai, bien que calciné de feux,
Les pieds froids, le diable m'emporte!
Pour écouter tous mes aveux,
O ma belle, ouvre-moi ta porte.
    Au clair de la lune!

A LA GOURMANDE

Les pâtissiers ont tant de bonnes choses
Où tes regards ont jeté leur désir,
Que j'aime mieux les gâteaux que les roses.

Chatte cruelle, et qu'on ne peut saisir,
Mange mon cœur de tes belles dents blanches,
Mange mon cœur pour un peu de plaisir.

Telle, autrefois, par nos joyeux dimanches,
Haussant un peu ton voile, tu montrais
— Comme à travers le noir rideau des branches

Un liseron matinal et tout frais —
La belle fleur de tes lèvres sanguines :
Pour déguster, à coups de dents discrets,

Un chapelet de friandises fines.

LA BLESSURE

A ANTONY VALABRÈGUE

Vite, une boucle de cheveux
Pleine de parfums lourds et mièvres ;
Je te quitterai, si tu veux,
Mais laisse-moi baiser tes lèvres.

Dis, nous nous sommes bien aimés —
Et longtemps... plus d'une semaine !
De nos souvenirs exhumés,
Oh ! qu'il sort de poussière humaine !

Hélas! hélas! ton cœur se fend,
Tes yeux sont rouges : pleure, pleure!
Toi, tu peux pleurer, pauvre enfant,
Puisque tu riras dans une heure.

Le vent m'emporte, et je m'en vais.
Où donc vais-je? Qui peut le dire!
Tu ne dois plus, aux jours mauvais,
M'égayer avec ton sourire.

Un baiser sur tes cheveux blonds,
Un dernier baiser, ma chérie;
Un dernier, dernier mot, allons,
Pour que cet adieu me sourie!

Je tâcherai de t'oublier
Et de ne point te reconnaître,
Si, comme un joyeux écolier,
Je passe un jour sous ta fenêtre.

Mes rêves d'amour sous ton toit
Ne viendront plus battre des ailes,
Et tu ne prendras plus du doigt
Ces printanières demoiselles.

Je chercherai par les chemins
Des fleurs de mai mieux parfumées;
J'aurai, pour leur baiser les mains,
Des amoureuses mieux aimées.

Et demain, sous le ciel vermeil,
Si ma jeunesse est encor verte,
Je tendrai mon cœur au soleil
Pour en remplir ma plaie ouverte!

A LÉON TANZI

PEINTRE

I

L'Espagne est la terre splendide
Des grands peintres et des bons vins ;
L'azur foncé n'a pas de ride
Dans l'ampleur de ses cieux divins.

La fière et robuste femelle,
Pour féconder les plaines d'or,
Laisse couler de sa mamelle
Des fleuves, des fleuves encor.

Et le soleil, superbe mâle,
L'enveloppe du haut des cieux
D'un baiser qui brunit de hâle
Son front tranquille et radieux.

II

La grande lumière bénie,
Mariant toutes les couleurs,
Dans une ineffable harmonie
A composé la vie en fleurs.

Aussi, les peintres l'ont comprise;
Ils ont, d'un pinceau large et sûr,
Rendu, plus encor qu'à Venise,
L'intensité du sombre azur.

Tout vit, tout palpite et respire,
Le modelé sculpte les chairs;
Aux peintres souverains l'empire
De la vie et de l'univers!

III

Même, une fantaisie étrange
Sur leurs toiles vient voltiger,
Et l'on dirait qu'une aile d'ange
Y promène un essor léger ;

Ou qu'un démon terrible et sombre
A mis sa griffe rouge au bas,
Et qu'il a fait flamboyer l'ombre
D'un éclair qu'on ne connaît pas.

Pour avoir aimé la nature,
Les peintres ont tout deviné ;
La pensée, immense aile obscure,
A battu leur front incliné,

IV.

Ils ont, sans le savoir peut-être,
Été la grande voix des temps,
Parce qu'ils ont peint Dieu, roi, prêtre,
Et pauvres peuples haletants.

Cet éternel Philippe Quatre
Que le grand Velasquez a peint,
Le peuple un jour devra l'abattre
Comme la tempête un sapin.

Car l'épuisement de la race
Se lit dans les yeux endormis
De l'indifférent roi de chasse
Qui n'a que ses chiens pour amis.

V

Ribeira sait comprendre et rendre,
Bien mieux qu'un pâle analyseur,
Ce feu terrible sous la cendre,
La puissance de la laideur.

Voici haineux, sournois et louche,
Quelque misérable au pied bot,
Qui tord railleusement sa bouche
Et qui semble un vivant lambeau;

Et cet être difforme, immonde,
A pour jamais représenté
Toute la misère du monde
Dans son orgueilleuse beauté.

VI

Puis, tout le passé catholique
De l'Espagne revit, souffrant
Ou ravi d'extase mystique,
Dans Murillo, dans Zurbaran.

L'un nous montre les moines chauves,
Les yeux ouverts, pleins de clarté,
Et, sous les enveloppes fauves,
Baignant leur cœur de volupté.

Mais, chez le Zurbaran, l'œil cave,
Le pâle front épouvanté
Et la longue figure hâve
Protestent pour l'humanité.

VII

Fais donc comme eux, peintre, mon frère,
Peins toute chose comme elle est,
Certain que l'immense lumière
Ne peut rien éclairer de laid.

Si tu vois la matière juste,
Tu pourras en saisir le sens,
Et la grande nature auguste
Vivra dans tes tableaux puissants.

Et moi, qui salue et révère
Les amants du Réel, j'irai
A ta santé vider un verre
De madère vieux et doré.

UN PRÉJUGÉ

Notre vieux coq gaulois vit toujours, et l'écho,
Qui chez nous n'a jamais eu de mélancolie,
Répète encor son clair et gai : Cocorico ! —
Pourquoi diable vient-on nous parler d'Italie ?

Parce qu'on ne sait pas assassiner chez nous,
Ou parce que nos fronts ne sont pas noirs de hâle ?
Ou que nous ne ployons jamais les deux genoux
Devant la bonne Vierge et son fils maigre et pâle ?

Ainsi donc, il nous faut passer les monts, pour voir
Un beau ciel, pour trouver des filles bien tournées,
Et pour rêver au doux clair de lune, le soir,
Sur des falaises par la grande mer baignées?

Égarés dans l'horreur de l'éternelle nuit,
Nous faut-il coudoyer, passants mélancoliques,
Les damnés dans l'enfer du Dante morts d'ennui,
Et gisant au milieu d'oraisons catholiques?

Nous faut-il admirer Pulci sans l'avoir lu?
Ou fléchir les genoux, en pleurant, devant Laure,
Séduits par l'Idéal chaste, et pris à la glu
Des sonnets, où pas un beau vers ne vient éclore?

Sans passion, sans rêve, et sans rire et sans pleurs,
Leur pâle poésie est une fleur classique
Où le vivant soleil n'a pas mis ses couleurs.
C'est un refrain usé de banale musique.

Car la nature, avec ses divines splendeurs
Et l'éblouissement éternel de ses fêtes,
A fait de ces gens-là des peintres, des sculpteurs,
Mais elle n'en a pas su faire des poëtes.

Ils n'ont pas couronné leurs fronts de myrtes verts,
Dans un pays de fleurs et de parfums sauvages,
Et l'on a jamais vu rayonner sur leurs vers
L'aveuglante clarté qui blanchit leurs rivages.

Les sanglots de la vie ont trouvé sourd leur cœur ;
Et leur âme n'a pas replié ses deux ailes,
Loin des bruits incessants et du rire moqueur,
Comme au pays songeur des neiges éternelles.

Ils n'ont pas eu non plus le vieux rire gaulois.
N'ayant pas le sublime, ils n'ont pas le cocasse ;
Qui de nous n'a bâillé, Tasso, sur tes exploits ?
Et, près de Rabelais, quel enfant est Boccace !

Ils ont eu beau tirer les Muses de l'exil
Et changer le soleil en Apollon qui danse,
Nous, nous avions forgé le sonnet, leur outil,
Quand nos vieux troubadours couraient par la Provence.

Donc, saluons les grands artistes florentins,
Et tous ceux de Milan, de Venise et de Rome ;
Mais n'allons pas chercher vers les pays lointains
Tout ce que nous avons à notre porte, en somme.

Car ici les chansons retentissent dans l'air,
Car nos blés sont dorés, et nos femmes sont belles ;
Leur nez est finement levé, leur œil est clair,
Et l'esprit petillant y met ses étincelles.

Nous sommes un bon peuple amoureux et joyeux,
La gaîté coule à flots avec les vins de France ;
Et, quand l'orgueil éteint son soleil dans nos cieux,
Nous gardons dans le cœur un rayon d'espérance.

Nous, les Ronsardisants, non les Pétrarquisants,
Nous célébrons la vie, et nous vivons en fêtes ;
Et nous avons chez nous, malgré les médisants,
Presque autant de soleil et bien plus de poëtes !

A ERNEST C.

Ton nez facétieux, et qui hume le vent,
Tes yeux clairs, et ta peau légèrement pourprée
Sous les baisers de ta chevelure dorée,
Tes blanches dents aussi, j'en ai rêvé souvent.

Fou des vers, tu t'en vas l'œil au ciel, en rêvant;
Ta cervelle est comme une étoffe bigarrée...
Combien de farfadets dans ta tête égarée
Ont passé comme un songe, ô clown triste et fervent!

Poussé par une force irrésistible, obscure,
Tu cours, — et l'on dirait que tu sens la piqûre
D'une invisible abeille à l'aiguillon moqueur.

Mille femmes, et plus, ont dormi sur ton cœur ;
Et tu cherches encor, sans t'en douter peut-être,
Celle que tous les jours tu vois à sa fenêtre.

BALLADE

Dans ce bas monde où les bons, les méchants,
De çà, de là, se coudoient par les rues,
Ceux-ci se font voleurs, ceux-là sergents ;
Et quelques-uns, d'allures incongrues,
Aux longs cheveux, aux manières bourrues,
S'en vont disant des vers à haute voix
Ou poursuivant des femmes disparues ;
Mais moi, sachant qu'il faut mourir, je bois.

D'autres s'en vont folâtrer dans les champs,
Faisant l'amour parmi les herbes drues ;
Les lunes d'or et les soleils couchants
Sont tout le bien de ces bâilleurs aux grues !
De moins joyeux ont leurs âmes férues
Par un amour qui les met aux abois,
Et les dessèche ainsi que des morues :
Mais moi, sachant qu'il faut mourir, je bois.

Quelques heureux, aux rires indulgents,
Coulent en paix leurs vieillesses ventrues ;
Ils sont tout juste assez intelligents
Pour se gratter le bout de leurs verrues.
Cet autre — un fou — mange des viandes crues,
Ou touche un luth sans cordes de ses doigts,
Ou met les bœufs derrière les charrues :
Mais moi, sachant qu'il faut mourir, je bois.

ENVOI

Prince, admirez vos richesses accrues
De jour en jour; dans le palais des rois
Paroles d'or ne furent jamais crues :
Mais moi, sachant qu'il faut mourir, je bois.

BÉVUE DE LA FATALITÉ

Je me suis demandé souvent
Par quelle étrange destinée
Ma chère personne était née
    Ailleurs qu'en plein vent.

Tous les jours du pain tendre, qu'est-ce,
Si l'on n'a pas la liberté?
Pour nourrice, j'aurais tété
    Une grosse caisse.

J'aurais sauté sur les genoux
D'un maigre et disloqué paillasse ; —
Un lit de plume ? la paillasse,
    C'est beaucoup plus doux !

Dormir sans fenêtre ni porte,
Et rire en rêve, à la lueur
Des étoiles, tout en sueur,
    Le diable m'emporte !

Sauter, et se rompre le cou
Pour les sous que jette la foule,
Et puis, las de rouler sa boule,
    Mourir n'importe où !

Oh ! j'ai manqué ma destinée !
Le soleil m'eût tanné la peau ;
Je n'aurais pas eu pour chapeau
    Une cheminée ;

Tiré toujours à quatre clous,
Je me serais roulé sur l'herbe,
Dans le débraillement superbe
    Des dieux et des fous !

A GERMAIN NOUVEAU

POËTE

Parmi les poëtes nouveaux,
Mon Germain Nouveau, tu te lèves,
Et la religion des rêves
Te compte parmi ses dévots.

Car tu crois encore aux féeries
Du clair de lune et des forêts,
Et tu vois danser dans l'air frais
Cent mille fantasmagories.

Jamais ton cœur ne renia
Les divinités de Shakspeare,
Et tu mourrais pour un sourire
De la blonde Titania.

Tu comprends, et ton nom le prouve,
Tout le fantasque renouveau ;
Les vers éclos dans ton cerveau,
L'aile d'or d'un rêve les couve.

Le ciel de ton lit est un dais
D'arbres où perce la lumière,
Et n'es-tu pas, Germain, mon frère,
Cousin germain des farfadets ?

Tu t'es fait comme un sanctuaire
Pour y reposer ton ennui,
Et tu vois les Belles-de-nuit
Chaque soir s'ouvrir pour te plaire.

Le clair de lune est ton ami,
Et sa fine poussière blanche
Vient parfois saupoudrer la branche
Où perche ton rêve endormi.

Les sonnets, les strophes exquises,
Pleines de parfums précieux,
A ton gré croissent en tous lieux
Pour embaumer les folles brises ;

Et parmi ces poëmes verts
Où le clair de lune frissonne,
Harmonieusement résonne
Ton nom fleuri comme tes vers !

LES COMÉDIENS ERRANTS

> Et Saint-Sulpice au loin dressait
> Ses grosses tours dépareillées.
> RAOUL PONCHON.

Un beau jour nous nous en irons
Par montagnes et par vallons,
Comme de libres étalons
Ou des Noirs qui s'enfuient marrons.

Nous parcourrons toute la France,
Faisant d'esprit grande dépense,
Mais ne nous remplissant la panse
Que de maigre saucisson rance.

Je ne sais si nous boirons sec,
Mais nous aurons toujours au bec
La musette, au poing le rebec;
Et, de plus, pour jongler avec,

Il me prend ce joyeux caprice
D'emporter vers un ciel propice
Celle des tours de Saint-Sulpice
Que l'on a changée en nourrice.

Nous serons traînés par des loups,
S'il s'en trouve, velus et roux;
Et l'affiche pleine de trous
Sera fixée avec trois clous.

Gens y liront en grosses lettres
Que nous avons chacun deux mètres,
Et que nous sommes passés maîtres
Comme pierrots, scapins et traîtres.

Le Richop, en fermant un œil,
Bravo borgne, mais plein d'orgueil,
A tout amateur du cercueil
Fera prendre son propre deuil.

Il brandira sa souple lame
Pour les beaux yeux de quelque dame,
Tout en jurant par sa grande âme :
Tel, un cabotin qui déclame.

Comme une subtile vapeur,
Tout fuira devant sa valeur ;
Les femmes crieront : *Au voleur !*
Et les maris auront très-peur.

Le Tanzi, veuf de sa moustache,
Blanc Pierrot narquois et ganache,
Sifflant un verre de grenache,
Sur son col fera mainte tache.

Pauvre coloriste blêmi,
Blafard comme un Guido Reni
Ou comme le point sur un *i*,
Il ouvrira l'œil à demi.

Sa bouche, dont le coin grimace,
Sur la Colombine qui passe
Posera, comme un qui trépasse,
Le baiser froid d'une limace.

Quant à moi, mis en arlequin,
Je m'esquive en un tour de main,
Et je suis, le long du chemin,
Perpétuellement taquin.

Je suis un joyeux acrobate
Vêtu de vert, d'or, d'écarlate,
Et je fais, de l'échine plate,
Fuir la poussière sous ma batte.

Notre Colombine sera
La première fille d'éclat
Qui, comme nous, mange sans plat,
Et chante tradéridéra.

Nous serons tous amoureux d'elle,
Comme ramiers de colombelle ;
Mais à Colombine la Belle
Pas un seul ne sera fidèle.

Quant à toi, chevelu Ponchon,
Rare et merveilleux compagnon,
Je n'ai pu te trouver un nom
Dans ma cervelle de bouchon.

Je le sens quand je te contemple ;
L'histoire n'est pas assez ample
Pour fournir un pareil exemple :
Bref, je t'élèverais un temple.

Mais, ô bohème qu'a grisé
Le bon vin de la liberté,
Tu me sembles, en vérité,
Très-suffisamment déguisé,

Avec ta face joviale,
Ronde, et se moquant de l'ovale,
Ton gosier qui toujours avale,
Ta gaîté fine ou triviale,

Ton rire et tes belles chansons,
Tes délabrés et fiers vestons
Qui font que bien des Jeannetons
Se retournent quand nous passons.

Donc en route tous les poëtes
Pour vivre en éternelles fêtes !
Parmi les villes stupéfaites
Passons comme un vol d'alouettes ;

Et qu'on ne puisse pas savoir,
Quand tout commence à se rasseoir,
Quel éclair fulgurant, ce soir,
Vient de passer dans le ciel noir.

A l'ouvrage! qu'aux pieds on foule
La cohue immense qui roule,
La grossissante et sombre houle :
Nous sommes les rois de la foule!

Notre éclat de rire divin
Déride un pauvre qui se plaint;
Notre voix au son large et plein
Grise le peuple comme un vin.

Un bon mot pleut sur chaque tête;
Les gens amis de l'étiquette
Qui ne donnent pas à la quête
Sont fouaillés de mainte épithète.

Le tambour roule son fracas;
Avec de gigantesques pas
Nous pantalonnons; ce n'est pas
Des quadrilles ou des polkas!

Plus haut que nous levons la jambe
En hurlant notre dithyrambe :
Le tourbillonnement ingambe
Se mêle au grand soleil qui flambe !

A QUELQUES POËTES

Je crois que vous prenez des poses de théâtre ;
Je ne distingue pas votre air sacerdotal
De l'air jésuitique, et, sous le masque en plâtre,
Je ne lis sur vos fronts aucun signe fatal.

Vous ne voulez pas être applaudis par les masses,
Et solitairement vous planez dans les cieux ?
Pour vous montrer à nu, moi qui hais les grimaces,
J'irai bien relever votre robe de dieux.

L'on vous verra claquer des dents, mornes et pâles,
Maigres à faire peur, et tout roués de coups;
Et quand vous chanterez, il sortira des râles
De ces tambours crevés qui sont vos cœurs, à vous.

Car jamais rien d'humain ne bat dans vos poitrines;
Jamais l'air libre et bleu ne remplit vos poumons;
Et jamais, éblouis de clartés purpurines,
Vous n'avez salué l'Aurore sur les monts.

L'amour ne vous a pas tendu son large verre,
Le vin n'empourpre pas vos fronts décolorés;
Dans un air étouffant votre muse sévère
D'huile rance imprégna vos vers élaborés.

Les meilleurs d'entre vous savent à peine vivre;
Et, parce que le monde est vieux, ces apaisés
N'osent pas se pencher, joyeux et le cœur ivre,
Sur la bouche entr'ouverte où riront les baisers.

Ils disent que l'on a raconté toutes choses,
Qu'on a chanté la vie et ses premiers amours,
Que le vent a porté le frais parfum des roses
Dans l'insondable gouffre où s'abîment nos jours:

Leurs sonnets maladifs, sans âme ni tendresse,
Promènent lourdement leur essor tortueux ;
Ces gens n'ont pas senti l'immortelle jeunesse
Faire éclater leur cœur pour bondir vers les cieux.

Apôtres de l'ennui, qui dorment dans leur chaire,
Prêts d'un moment à l'autre à se faire châtrer,
Ignorant tout, l'amour, le vin, la bonne chère,
Ils ne peuvent pas rire et n'osent pas pleurer.

II

Mais nous, dont la vigueur encor se développe,
Le front levé parmi les sots et les moqueurs,
Nous voulons, en dépit de cette vieille Europe,
Garder comme un trésor la jeunesse des cœurs.

Nous, derniers rejetons d'une époque blasée,
Qu'a portés dans son flanc le siècle déjà mûr,
Encore tout moiteux de la fraîche rosée,
Nous voulons déployer nos ailes par l'azur.

Aussi, toujours aimant, buvant à perdre haleine,
Et voulant à tout prix cueillir la vie en fleur,
Nous ne chantons jamais que si notre âme pleine
S'échappe en cris soudains de joie ou de douleur.

Nous chantons bien souvent pour le peuple en guenilles
Notre seul conseiller, c'est le vieux vin vermeil,
Notre religion, l'amour des belles filles,
Et nous sommes encore amoureux du soleil !

Nous ouvrons notre esprit à toute idée humaine ;
Et la Réalité, toujours belle sans choix,
Nous découvre un plus large et plus riche domaine
Que les souvenirs grecs ou les rêves chinois.

Étant naïf encor, notre cœur en liesse
Ne trouve pas banal de chanter le printemps :
Et, comme nous voulons savourer toute ivresse,
Nous poursuivons la gloire avant d'avoir vingt ans.

C'est pourquoi nous donnons à la Muse nos vies ;
Tout ce que nous avons aimé, souffert, pensé ;
Car tu ne hantes pas, Muse de nos envies,
La sombre solitude où vit l'orgueil blessé :

Le travail est pour nous la loi sévère et sainte,
Mais nous ne frappons pas nos fronts désespérés ;
Et le plus beau laurier dont notre tempe est ceinte,
C'est l'amour de la joie et des soleils dorés.

Certes, le Saint-Esprit, balancé sur nos têtes,
Ne met pas une flamme à nos fronts découverts ;
Mais le sang coule à flots de nos cœurs de poëtes,
Et nous pleurons encore en écrivant nos vers.

ÉPILOGUE

*Lecteur, mon ami, que te semble
De ce livre? Il manque d'ensemble,
Il est décousu; tous mes vers
Vont au diable, où le vent les pousse.
Mais les arbres sont-ils moins verts,
Ont-ils une moins fraîche mousse,
Dis, pour croître à tort, à travers?*

ÉPILOGUE.

Au reste, laisse à la critique
Le respect de l'usage antique
Et les préjugés fabuleux.
Tant mieux si mon livre t'amuse !
J'ai vu les cieux sereins et bleus,
Et, ma foi, j'ai suivi la Muse
Par mille sentiers merveilleux.

Elle m'a mené par les plaines,
Et par les grandes forêts pleines
De murmures et de senteurs ;
Et, par une nuit bien heureuse
Où se turent les nids chanteurs,
J'ai rencontré mon amoureuse
Aux fiers sourires enchanteurs.

Plus loin, j'ai, sous la lune blonde,
Vu danser la féerique ronde
Du Songe d'une Nuit d'été ;
Et les farfadets de Shakspeare
Qui grimacent dans la clarté
Avec un grand éclat de rire
Dans leurs bandes m'ont emporté.

ÉPILOGUE.

Brusquement, je vois une ville.
Une longue troupe défile :
Où s'en va-t-elle? au cabaret!
J'ai vu passer plus d'un ivrogne
Dont le nez luisant s'empourprait,
Et j'ai laissé dans le bourgogne
Mon souvenir et mon regret.

Je t'ai montré là ma jeunesse :
Il faut que l'on s'y reconnaisse,
Ami lecteur; nous sommes tous
Taillés dans une même étoffe.
Or, nous avons tous ri : chez nous,
Celui qui rit est philosophe,
Et les plus sages sont les fous.

Nous avons tous aimé! mon frère,
Tu ne peux dire le contraire;
Nous avons tous rêvé parfois
Sur le livre des vieux poëtes,
Et nous avons tous, que je crois,
Passé de belles nuits en fêtes
A boire sans souci des rois.

ÉPILOGUE.

La jeunesse a, quoi qu'on en dise,
Toujours cette triple devise :
L'amour, le rêve et le plaisir.
Eh ! mon Dieu, si j'ai fait ce livre,
Lecteur, c'est que j'avais désir
Que ton cher passé pût revivre
Quand tu voudrais le ressaisir.

Je ne veux d'autre récompense
Qu'un bel éclat de rire; pense
Après tout ce que tu voudras
De ce fantastique grimoire.
Bonsoir, mon ami. De ce pas,
Je te quitte pour aller boire;
C'est bien naturel, n'est-ce pas ?

TABLE

Le monde antique avait formé des dieux. 1

DANS LA FORÊT

    I. Voici le mois de mai rayonnant et joyeux. 7
   II. Librement mon cœur se dilate. 9
  III. Au petit sentier passa ma mignonne. 13
  IV. Mes sérénades, dans la nuit. 15
   V. L'amour, lointain et tout proche à la fois. 17
  VI. Le ciel avait perdu sa gloire. 19
 VII. Or je contemplais sa fenêtre. 21
VIII. Je l'ai vue, et la belle a souri. Tout est dit. . . . 24
  IX. C'était un matin de ce mois de mai. 25
   X. Toute la nature en fête pour nous. 27
  XI. Par les prés, par les bois, pleins d'odeurs bien douces. 29
 XII. Je me parfumerai d'aloès et de myrrhe. 31
XIII. Elle cueillit la fleur qu'on nomme aspérula. . . . 33
XIV. Un peu d'espoir ! et l'on sait bien. 35
 XV. Nous avons encor deux ou trois secondes. 37

XVI.	La lune montait derrière les murs.	39
XVII.	Tu sais comme, l'autre soir.	40
XVIII.	J'aime les verts sentiers qui s'effacent là-bas.	42
XIX.	Votre Altesse blonde s'honore.	44
XX.	Je vais, philosophe et bohème.	46
XXI.	Sur mon front penché d'invisibles ailes.	48
XXII.	Un beau couchant de pourpre étale.	50
XXIII.	Le bois antique et jeune encore.	52
XXIV.	J'irai dans la plaine où le vent répète.	57
XXV.	Voici qu'un vent du Nord tout à coup s'est levé.	59
XXVI.	Nous mettrons donc sur le contrat.	63
XXVII.	Ainsi, nous ferons deux noces.	67
XXVIII.	Le notaire sera noir.	70
XXIX.	Le charme est rompu! Mon beau rêve.	72
XXX.	Ne pleurons pas en nous quittant.	75
Épilogue.	Oiseaux, lorsqu'un jour nous vous reviendrons.	77

VARIATIONS SUR QUELQUES AIRS DE SHAKSPEARE

To our ever living poet William Shakspeare.	81
L'ame d'Ariel.	85
Fantaisie sur le Songe d'une nuit d'été.	88
Autre fantaisie.	95
Monologue de Biron.	102
Rosalindage.	109
La mort joyeuse.	121
Les sorcières.	126

LES CHANSONS JOYEUSES

A Jean Richepin.	135
Amours au vent.	144
Propos cavaliers.	146
Ritournelle normande.	148
Ma conversion.	150
Dithyrambe.	155
Chœur de buveurs en hiver.	159
Les deux amours.	161
Beuverie flamande.	163
Un hymne en l'honneur de maître François.	166
A une cruelle.	170
Vers facétieux.	172
Sérénade silencieuse.	174
A celle qui fait semblant de ne pas comprendre.	176
A une dame que je n'ai jamais vue.	178
Paroles sans romance.	181
Avant.	183
Après.	185
A une belle dame.	187
Révolte.	190
A Raoul Ponchon.	193
L'ère nouvelle.	195
Élégie sur la mort d'un ami.	198
Sonnet romantique.	202
La camarde mise à la raison.	204
Examen de conscience.	205
A Louis Forain.	207
Variations sur une chanson populaire.	210
Derniers vœux.	213

Dévotion en bouteille.	216
Conseils a mon neveu.	218
La gloire des nez.	221
La fin.	224
Un peu de morale.	227
Encore a Ponchon.	229
Quand nous viendra-t-il un bon roi ?	231
Hymne a l'Angleterre.	235
L'oubli.	238
La rancœur.	241
A Paul Bourget.	243
Rondeau affamé.	246
Tabula rasa.	248
Froid et chaud.	250
A la gourmande.	252
La blessure.	254
A Léon Tanzi.	257
Un préjugé.	264
A Ernest C.	268
Ballade.	270
Bévue de la fatalité.	272
A Germain Nouveau.	274
Les comédiens errants.	277
A quelques poëtes.	284

ÉPILOGUE. 289

PARIS. — IMP. SIMON RAÇON ET COMP., RUE D'ERFURTH, 1.

www.ingramcontent.com/pod-product-compliance
Lightning Source LLC
Chambersburg PA
CBHW070740170426
43200CB00007B/586